イライラと
うまく付き合う
介護職になる！
アンガーマネジメント
のすすめ

田辺有理子 著

中央法規

はじめに

　対人援助職である介護職は、利用者との関係性だけでなく、スタッフ間の人間関係なども原因となって、さまざまなストレスをもち、イライラすることが少なくありません。しかし、そうした怒りの感情を抱いていると、どうしても仕事にも影響し、利用者への介護が適切でなくなる可能性もあります。そのため、介護職には感情をうまくコントロールすることが求められます。

　そこで本書では、仕事のストレスや怒りの感情と上手に向き合い、介護職自身が生き生きと働き続けるためにアンガーマネジメントを紹介します。

　介護専門職の総合情報誌『おはよう21』の2015年2月号から連載してきた「自分の感情と上手に向き合おう　アンガーマネジメントのすすめ」を主軸に、介護施設で働く4人の介護職によるアンガーマネジメントの実践を展開していきます。

とある高齢者施設の休憩室でのこと…

トモコ:はぁ〜っ。(大きなため息)

鈴木さん:トモコさんどうしたんですか、そんな大きなため息ついて。

トモコ:「ホールの新聞ラックが壊れたから新しく買ってほしい」って、課長に言ったら、「そんな予算がどこにあるんだ?」だって。別に自分の物を買いたいわけじゃなくて、利用者さんが不便だって言っているだけなのに。

鈴木さん:あー、課長ですかぁ。

トモコ:そうそう! 利用者さんの状態をきちんと理解してないくせに、変な指示ばっかりするしぃ!「これが利用者さんにとってのベスト!」と思って提案をしても、ちっとも理解してくれないし。イライラを通り越して、ムカムカしちゃう! 鈴木さんもそう思いませんか?

マイ:お疲れさまで〜す。(休憩室に入ってくる)
あ、トモコさん! ちょっと聞いてくださいよ! 私の準備しておいた排泄用介助セットがなくなっていて、新人くんが「出してあったから、使っちゃいました!」って笑いながら言うんですよ! 人が準備したものを勝手に使うなんて信じられます? 勝手に使ったら悪いとか考えないんですかね!?

トモコ：…またヤツか。私も先月同じことやられたよ〜。注意したんだけど、わかっていない感じでさ。やっぱりわかっていなかったか…。

マイ：まったく、自由すぎるんですよ。かといって強く注意するとすぐヘコむし。こっちが悪者みたいになるんですよね。どう言えば伝わるんですかね…。

トモコ：なんだか私たちイライラしてばっかりだよね…。この前、イライラしたまま家に帰って、夫に八つ当たりしちゃったし。息子からは「仕事から帰ってきたときのママはいつも怒るから嫌い！」って言われちゃうし…。DVとか虐待とか言われたらどうしよう…。(泣)

マイ：家族に八つ当たりするならまだしも、時々利用者さんに対してもイラッとしちゃうから、本当に危ないですよね。いつもだったらマイペースな利用者さんも気にならないのに、イライラしているときは「早くしてよ！」って思っちゃう。

鈴木さん　介護経験5年（50歳代）
トモコ　介護経験10年（40歳代）
健太　新人（20歳代）
マイ　介護経験3年（30歳代）

003

マイ:鈴木さんっていつも穏やかですけど、怒ることあるんですか？

鈴木さん:私も以前は短気だったんですよ。でもある技術を身につけたら変わったというか…。

トモコ:なにそれ？

鈴木さん:「アンガーマネジメント」って知ってます？

トモコ／マイ:アンガーマネジメント？？

鈴木さん:そう。アンガーは「怒り」という意味です。

トモコ:つまり、怒りをマネジメントするってこと？

鈴木さん:そのとおり。怒りは、自分にも周囲の人にも影響を与えるんですよ。例えばトモコさんが旦那さんに八つ当たりすると、旦那さんも嫌な気持ちになりますよね。その結果、今度は旦那さんが息子さんに八つ当たりするかもしれない。それに、ゆっくり歩く利用者さんにイライラして、利用者さんの手を強く引っ張ってけがをさせる可能性もありますよね。それが大きな事故につながることだってあるんですよ。
若い子の「キレる」っていうのも、うまく怒りをコントロールできてないからなんじゃないかな。

確かにそうですよね…。
マイ

鈴木さん 怒りの感情をうまくコントロールできれば、人間関係もよくなるし、もしかしたら、あの課長ともうまくやれるかも！？

いや、それはない。
トモコ

マイ

鈴木さん 2人とも即答ですね。
私は、イライラすることが減って、とても気持ちが楽になりましたよ。この年で恥ずかしいのですが、夫婦関係もよくなりました。(照れる)

本当ですか？　家族関係を悪くさせないためにも、その秘訣を教えてください！
トモコ

鈴木さん もちろんですよ。怒りをコントロールできるようになると、人間関係がよくなるだけじゃなくて、仕事の効率もアップするし、物事を前向きに考えられるようになるんですよ。

え、私も教えてほしいです！
マイ

鈴木さん じゃあ、みんなで一緒に勉強しましょうか。

ぜひ！！
トモコ
マイ

もくじ

- はじめに…001

- 参考文献…152

- おわりに…153

- 著者紹介…155

第1章
介護職に求められる感情のマネジメント

 アンガーマネジメントとは
　　　　　　　　…010

 高齢者虐待の現状…012
　1 介護施設従事者による虐待の増加
　　　　　　　　…012
　2 虐待の背景…013

 ストレスってなに？…014
　1 ストレッサーのいろいろ…015
　2 こころがへこんだときの反応
　　　　　　　　…017
　3 ストレス解消法…019

コラム
医療福祉の職場ストレスは「人間関係」
　　　　　　　　…020

第2章 怒りを知ろう

❶ 怒りの基礎知識…022
1 怒りは身を守るための感情…023
2 怒りに隠れた感情をみてみよう…024
3 背景がわかれば対応も変わる…027

❷ 怒りの性質…029

1 身近な対象ほど強くなる…030
2 上から下へ流れる…032
3 伝染しやすい…034
4 エネルギーになる…036

❸ 注意したい怒り方のタイプ…038

1 強度が高い…040
2 頻度が高い…042
3 持続する…044
4 攻撃する…046

❹ 視覚化して分析しよう…048

1 怒りをメモしよう…048
2 怒りに点数をつけよう…054

コラム 怒ったときの身体の変化…058

第3章 怒りへの対処法を身につけよう

❶ 反射的な言動を防ぐ…060
1 魔法の呪文を唱える…061
2 点数をつける…063
3 怒りの形を観察する…064
4 深呼吸をする…065
5 その場を離れる…065

❷ 怒りを引きずらない…069

1 思考をストップする…070
2 目の前の物に集中する…071
3 愚痴をこぼす…072
4 場面を切り替える…073
5 感情をリセットする…074

❸ 怒りの耐性をつくる…075

1 気分転換のメニューを増やす…076
2 演技する…077
3 パターンを崩す…078
4 新しいことに挑戦する…079
5 楽しいことに注目する…080

コラム 人から「怒り」をぶつけられたときの対処法…081

第4章 怒りと向き合おう

怒りの引き金を探る…084
1. 怒りの正体はコアビリーフ…085
2. 自分と他人の価値観の違い…089
3. 怒りが厄介なわけ…099

怒ることと
怒らないことを分ける…102
1. 境界線を明確にしよう…103
2. 許容範囲を広げよう…104
3. 判断基準をつくろう…107

自分の言動は自分で決める
…111
1. 自分にできることをしよう
…112
2. 不安に対処しよう…113

過去と他人は変えられない…118

第5章 感情を上手に伝えよう

伝えるための基礎知識…120
1. 怒りに対する誤解…121
2. 怒ったときのNGワード…122
3. 言い換えのヒント…124
4. 日常の場面で練習しよう…125

感情を表現する…129
1. 表現のタイプ…132
2. 怒りの表現力をつける…135
3. 感情を抑制するリスク…136

伝え方の基本を身につける
…139
1. 何に怒っているのかを明らかにする
…141
2. 伝えることを決める…142
3. 基本形を練習しよう…145

第1章 介護職に求められる感情のマネジメント

1 アンガーマネジメントとは

　あなたは怒りの感情を爆発させて声を荒げてしまったことはありませんか。「言いすぎた」と後悔しても、人間関係が崩れてしまっては取り返しがつきません。

　アンガーマネジメントは、怒り（anger）の感情と上手に付き合うための技術です。怒りをなくすことではありません。怒る必要があるときに、上手に怒ることも含みます。すなわち、怒りを知り、対処できるようになるための技術です。そして、そのためには、トレーニングが必要です。この技術は、1970年代からアメリカで発展してきました。最近は日本でも、教育の現場や企業の研修などで広がりを見せています。自分の感情と上手に付き合うことができると、周囲との人間関係も円滑になります。

　介護の現場も怒りの感情と無縁ではありません。例えば、利用者からイライラや怒りの感情をぶつけられて、介護職が感情的になって言葉を発すると、利用者からのクレームにつながってしまう危険性があります。あるいは、怒りを表出できずに自分のなかに溜め込み、感情を押し込めたまま働き続けて燃え尽きてしまうという人もいます。

　そのどちらかのパターンということではなく、実際にはどちらの経験もあるという人が多いのではないでしょうか。こうした状況には改善の余地があります。私たちに求められることは感情に鈍感になることではなく、自分の感情を認めたうえで適切に対応することです。

私は、勢いでイライラをぶつけてしまって、後から後悔ばかり。 トモコ

私は、言ってしまって後悔することと、言えずに溜め込んでしまうことと、どちらもあります。 マイ

鈴木さん

アンガーマネジメントは、怒らなくなることではありません。不要なことには怒らない、そして必要なときには上手に怒ることを練習していきます。
怒りについて後悔しないようになることを目指しましょう。

イライラの不適切な表現として虐待は深刻な問題よね。養介護施設での虐待のニュースが出るたび、うちの施設も他人事じゃないと思う。 トモコ

　2006年に高齢者虐待防止法（高齢者虐待の防止、高齢者の養護者に対する支援等に関する法律）が施行されてから、10年が過ぎました。

　この法律に基づいて、厚生労働省では毎年、高齢者虐待の相談や虐待と判断された件数を調査しています。法律とともに高齢者虐待の防止が広まり、潜在していた虐待事例も洗い出され、虐待防止の体制も整備されつつあるかと思われましたが、まだ虐待の通報や判断件数は増え続けています。

　虐待の対策としても、介護職の感情のマネジメントが注目されています。

高齢者虐待の現状

1 介護施設従事者による虐待の増加

「平成26年度高齢者虐待の防止、高齢者の養護者に対する支援等に関する法律に基づく対応状況等に関する調査」の結果をみると、家族などの養護者による虐待判断件数もやや増加していますが、養介護施設従事者等による件数が大幅に増加しています。養介護施設従事者等による虐待と認められた件数が300件、市町村への通報・相談件数は1,120件で、いずれも過去最多を更新しました。

図 養介護施設従事者等による高齢者虐待の相談・通報件数と虐待判断件数の推移

出典：厚生労働省「平成26年度高齢者虐待の防止、高齢者の養護者に対する支援等に関する法律に基づく対応状況等に関する調査結果」

2 虐待の背景

　先の調査によると、虐待の発生要因は「教育・知識・介護技術等に関する問題」が最も多く、次いで「職員のストレスや感情コントロールの問題」「虐待を行った職員の性格や資質の問題」でした。ほかに「倫理観や理念の欠如」「虐待を助長する組織風土や職員間の関係性の悪さ」「人員不足や人員配置の問題及び関連する多忙さ」と続きます。

　虐待の背景には、ストレスや過重な介護負担などが存在しており、立場の弱い要介護者に対してストレス発散の矛先が向けられている現状がうかがえます。数字だけを見て虐待の実態を判断することはできませんが、介護現場でスタッフのストレス対策や感情のコントロールがより大切になることは明らかです。

　ストレスが溜まるとイライラしやすくなることは、多くの人が経験していると思います。したがって、介護職自身がストレスへの対処法を身につけておくことが求められます。

　明らかな虐待とはいえないまでも、日常の介護場面で、利用者に乱暴に対応したり、命令口調になったりすることなども、要注意のサインです。忙しい時間帯に、利用者の動きが遅いとイライラして介助が荒っぽくなってしまう、何度も依頼されたり、質問されたりするとつい「ちょっと待って！」「さっきも言ったでしょ！」など強い口調になってしまう、排泄や入浴の介助の際に強く拒否され、叩かれたり蹴られたりして、とっさに手を上げてしまう、ということもあるかもしれません。このように、「つい」「とっさに」不適切な反応をして、後から後悔しても、取り返しのつかない事態を招くこともあるのです。

介護職に求められる感情のマネジメント

013

3 ストレスってなに？

　イライラ、ムカムカしているとき、「ストレスが溜まっている」と言ったり、言われたりすることはありませんか。では、そもそもストレスとはいったいどのようなものでしょうか。

　ストレスは、もとは物理学で用いられてきた言葉で、外部からの刺激による圧力でゆがみを生じた状態のことです。このストレスの考え方を、約80年前に生理学者のハンス・セリエ（1907-1982）が、人に当てはめて、生物学的ストレスを提唱しました。

　ゴムボールのように弾力性のある「こころ」をイメージしてみてください。外から押される力をストレッサーといいます。押されたら、もとの形に戻そうとする力がはたらきます。これをストレス耐性といいます。そして力が加わってゆがんだ状態をストレス反応といいます。

1 ストレッサーのいろいろ

　では、人にとってのストレッサーにはどんなものがあるでしょうか。ストレッサーを人のこころにかかる刺激と考えると、天候や騒音、においなどの環境的要因、病気や痛み、睡眠不足などの身体的要因、不安や悩みなどの心理的要因、そして人間関係がうまくいかない、仕事が忙しいなどの社会的要因があります。つまり、日常のなかで起こるさまざまな刺激が、ストレスの原因になるのです。

トモコ：利用者さんにとっては、施設の環境も、暑いとか、寒いとか、うるさいとか、いろいろなストレッサーがあるよね。

マイ：たしかに、多くの人が一緒に過ごすから、空調も自由にならないし、排泄のにおいも気になるでしょうね。

健太：お腹がすいた、夜勤で眠れない、仕事が忙しいとかもストレッサー？

トモコ：自分のことばっかりね。そもそも健太くんは、まだ一人前に忙しいって言えるほど仕事していないでしょ！

鈴木さん：まぁまぁ、いずれにしても、人が生きていくうえで受ける刺激はすべて、ストレッサーになり得るということですよ。
不安や悩み、ストレスを抱えていると、イライラしやすくなります。普段からイライラしていると、ストレスが溜まりやすく、悪循環だということなのですよ。

介護職に求められる感情のマネジメント

同じ出来事や状況でも、人によってこころが大きくへこんでしまうこともありますし、大してへこまない、ストレッサーだと感じないこともあります。

　ストレス耐性という、もとの形に戻そうとする力は、いわば人が成長する過程です。いろいろな困難に立ち向かおうとすることで人は成長します。だから、ストレスがなければよいというわけではないのです。

　ストレス耐性も人によって異なります。こころにストレッサーが刺さったとき、もとに戻そうとする力が強い人もいれば、へこんだまま戻らない人もいます。複数のストレッサーが重なればへこみやすいし、戻すのが大変です。大きな出来事は一つでもへこんでしまいます。

　また、職場や家庭、経済的な問題は、物理的・化学的な刺激よりも心理的にストレッサーになりやすいといわれます。私たちは生活のなかで、仕事、家事、育児、介護など、複数の役割をもっていて、それぞれの負担をバランスよく整えることは難しいものです。毎日続く先の見えないストレッサーは、へこんだこころを戻す力を阻害します。

表　ストレッサーとストレス耐性の特徴

- ●ストレッサーは人それぞれに違う
- ●同じストレッサーでも人によってへこみ方が違う
- ●たくさんのストレッサーが刺さるとへこみやすくなる
- ●ストレッサーに長くさらされるとへこみやすくなる
- ●大きなストレッサーだと一つでもへこんでしまう

こころがへこんだときの反応

こころがへこんでしまったらどんな反応が現れるのでしょうか。こころは目に見えませんが、身体症状、心理面、行動から、ストレス反応を推察してみます。心身相関という言葉が示すように、こころと身体は相関関係にあります。感情は身体の変化として現れますし、身体の疲労などは心理面に影響します。

❶身体症状

人前で話すときに緊張して胸がドキドキする、手に汗をかく、恥ずかしくて顔が赤くなるというのは、こころの変化が身体に現れた例といえます。

怒ったときも「血圧が上がる」「動悸がする」など、身体にも変化が生じます。

過度のストレッサーや持続するストレス反応として、こころの不調が身体の症状として現れることもあります。眠れない、食欲がなくなる、食べすぎてしまう、じんま疹が出る、頭痛、腹痛、発熱などがその例です。

❷心理面

反対に、体調がすぐれないと気分が晴れない、睡眠不足でイライラしてしまうというように、身体がこころに影響することもあります。ストレス反応としての心理面への影響としては、気分が落ち込む、やる気が出ない、イライラする、今まで気にならなかったことにこだわってしまうなどがあります。

❸行動

　行動としては、仕事に行きたくない、怒りっぽくなり、人や物に当たる、ほかにも、思いがけないミスや忘れ物が増えるなどもあるかもしれません。

　行動の変化は、周囲の人が気づくことができます。「最近、元気がないな」「ミスが多いな」「集中力がないな」と感じたら、その人はストレスがある状態かもしれません。自分から相談できない人もいるので、気づいたら声をかけてあげてください。

仕事でミスが増えるのは困るわ。

溜まったストレスを利用者に向けてしまうと、虐待につながる危険性もありますね。

仕事をしていくうえでストレスにうまく対処していくことが必要ですね。

ストレス解消法

　ストレスへの対処のポイントは、自分自身でストレス反応に気づき、それを解消していくことです。

　ストレス解消のための方法を紹介します。短時間でできることから長期で計画的に行うメニューまで、幅広く準備しておきましょう。

　短時間のメニューとしては、心身の緊張を緩めるための呼吸法やヨガなどのリラクゼーション法があります。筋肉をゆっくり伸ばすストレッチは、血流をよくし、筋肉の「こり」をほぐします。ほかには、散歩、読書などを1〜2時間楽しむ、通勤中に音楽を聴く、好きな飲み物を飲む、おいしいものを食べるなどが挙げられます。

　また、計画的なメニューでは、休日にドライブや旅行に出かける、登山をする、温泉に行く、エステやマッサージを受ける、バーベキューをするなどがあるでしょう。

　親しい人と話したり、思いきり笑ったり、仕事以外の趣味をもったりすることも有効です。どんな職場にも理不尽なこと、思いどおりにならないことがあると思います。イライラや不満などの感情に支配されず、気持ちよく働くことができるように、いろいろな条件でできることを準備して、普段の生活でできることに、楽しんで取り組みましょう。

　この後に紹介する怒りへの対処法は、ストレスへの耐性を上げることや上手なストレス解消法を身につけることと、共通点が多くあります。怒りへの対処が上手になると、自然にストレスへの対処も身についていくのではないでしょうか。

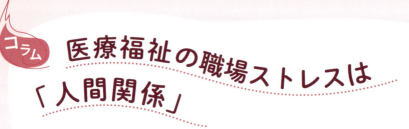

コラム 医療福祉の職場ストレスは「人間関係」

　厚生労働省「平成24年労働者健康状況調査」によると、「強い不安、悩み、ストレスを感じることがある」と回答した人の割合は、労働者全体では60.9%であるのに対し、医療福祉職では71.0%でした。医療福祉の職場は、ほかの職種に比べて不安や悩み、ストレスが高いといえる結果が読み取れます。

　それでは、その内容はどうでしょうか。同調査によると、第一位は「職場の人間関係の問題」で、「仕事や職業生活に関する不安、悩み、ストレス」があると回答した医療福祉職のうち、45.7%を占めています。労働者全体の41.3％と比べても高い値です。利用者や家族への対応よりも、仕事の忙しさよりも、スタッフ間の人間関係やスタッフ同士のコミュニケーションを苦痛に感じているということです。

　入所型の施設の場合は、24時間365日継続して利用者を介護していくため、スタッフ間の情報共有や連携が求められます。しかし、年齢や性格、考え方が違う人が集まれば、思いどおりにならないことや意見が対立することもあるでしょう。だからこそ、ストレスを溜めず、職場の仲間と良好なコミュニケーションをとり、生き生きと働ける職場づくりを目指しませんか？

第2章

怒りを知ろう

怒りの基礎知識

　怒りは、うれしい、楽しい、悲しいなどと同じように感情の一つです。感情によしあしはありませんが、怒りは扱いが厄介な場合があります。うれしい、楽しいという感情は、そのまま表現してもさほど問題にならないのに対して、怒りやネガティブな感情は、表現方法によっては周囲の人々の誤解を招き、信頼を失います。さらに、いつもイライラしていると自身の健康にも悪影響を与えます。

　しょっちゅう怒りが湧き起こるという人がいる一方で、普段からあまり怒ることがないという人もいます。普段から優しく穏やかに対応できるのはよいのですが、怒るのは悪いこと、怒るのは未熟な人だと思っていたり、自分の感情を抑え込んで、感情に鈍感になっていたりする場合もあります。

　怒りは人に備わっている自然な感情の一つですから、自分の感情を否定しないで、自分にはどんな感情が湧き起こっているのか、こころの声に耳を傾けるように練習していきましょう。

1 怒りは身を守るための感情

　怒りは、自分の身を守る防衛のための感情です。動物が敵に襲われそうになったときには、恐怖を抑えて敵と対峙します。人間にも同じような反応があります。このとき脳内にアドレナリンが分泌され、心拍数が上がり戦闘態勢になります。

　感情的になって攻撃してしまうのは、そうすることで無意識に自分が傷つかないようにしている場合もあります。痛いところを突かれたときほど、攻撃的になったりすることもあるものです。

　新人スタッフの指導係になったとき、「ちょっと注意したら相手の機嫌が悪くなってしまった」「逆ギレされた」などという経験はないでしょうか。「せっかく教えてあげたのに」と思うところですが、これは新人スタッフにとっての防衛反応、自分を守るための対処行動なのかもしれません。

2 怒りに隠れた感情をみてみよう

　怒りの背後にある感情をみてみましょう。怒りは二次感情といわれています。二次感情ということは、一次感情も存在します。今度はこころの状態をコップと水にたとえて考えてみます。不安、つらい、苦しい、痛い、悔しい、疲れた、寂しい、虚しい、悲しいなどの感情を水とし、その感情の許容量をコップとします。コップに入っている水の量が少なければ、さらに注ぎ足しても溢れませんが、水がいっぱい入っている状態では、すぐに溢れてしまいます。この溢れてしまった水が怒りです。例えば、勤務が続いて身体に疲れが溜まり、睡眠不足の状態で働いているときに、次々に仕事が降ってきたらイライラしやすくなってしまうかもしれません。

　カッとなっているときには、こころのコップに注がれる自分の感情に気づかないかもしれませんが、怒りを生じる背景の感情（一次感情）に気づくと、その怒りに対処するヒントが見つかることがあります。

　人によって、もっているコップの大きさは違いますし、状況によってコップに満たされている水の量も違います。コップが小さければ、少量の水が入っただけでもすぐに溢れてしまうでしょう。ある程度大きなコップだとしても、一気に大量の水が注がれたら、これもまた溢れてしまいます。このこころのコップが溢れないように、水が溜まってきたら時々コップの外にこぼして、気持ちをリセットするような方法をもっておくとよいでしょう。また、こころのコップを大きくして、水が溜まっても溢れにくい、すなわち怒りにくい思考パターンをつくることで、気持ちに余裕が生まれます。

図　こころのコップ

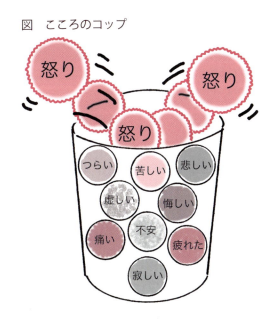

　ここで、事例を用いて具体的に考えてみましょう。八重さん（80歳代・女性）は、歩行が不安定になってきました。1人で歩くと転倒の危険があるので、スタッフは「歩くときにはスタッフを呼んでほしい」と伝えていました。しかし、八重さんが1人で歩いている場面に遭遇しました。そのとき、「1人で歩かないでと何度も言っているのに、どうして歩くのよ！」と、つい叫んでしまうかもしれません。きっとその背景にある感情は、「転んでけがしてしまうことを心配している」ということでしょう。したがって、怒りの感情のまま声を荒げるのでなく、「心配している」という思いを言葉にすれば、八重さんへの対応も全く違ったものになるでしょう。

　冷静なときには利用者の気持ちを理解して、適切に対応できるのに、イライラしてこころのコップがいっぱいになっていると、適切に対応できない場合があります。そんなときは、少しその場を離れて気持ちを落ち着かせる、好きな飲み物を飲むなど、気分転換を図るようにしましょう。

「不安」を理解する

　怒りの背景にある一次感情の一つに「不安」があります。不安は、怒りやイライラの引き金になりますし、怒りと同じように扱いが厄介な感情です。

　では、そもそも不安とは何でしょうか。恐怖と似ているような感じがしますが、恐怖と不安は、少し違います。恐怖には対象があります。不安は、明確な外的対象のない漠然とした恐怖感です。

　「犬が怖い」。これは、対象が明確な恐怖です。犬が近づいてきて、恐怖で心拍数が上がって冷や汗が出たとしても、犬が去っていけば治ります。一方、「将来が不安」。これは、明確な対象がない漠然とした恐怖感かもしれません。

　不安もほかの感情と同じようにすべての人に備わった感情の一つですから、誰しも経験したことがあるでしょう。それでは、不安が強くなりすぎるとどうなるでしょうか。心臓がドキドキする、汗をかく、手足が震える、呼吸が苦しくなる、吐き気や腹部の不快感がある、めまいが生じるなど、さまざまな症状が現れます。身体症状が出なくても、不安によって気持ちに余裕がなくなり、イライラしやすく些細なことに怒ってしまった経験がある人は多いと思います。

　利用者のなかで、最近怒りっぽい、些細なことで文句を言う、理不尽な要求をしてくるという人がいたら、もしかするとその人の背後には不安の感情が潜んでいるかもしれません。しかし、その不安を直視できずに、感情に蓋をして鈍感になることで自分を保っているのかもしれません。

　新入職や人事異動など、新しい職場に入るときは、スタッフにも不安があると思います。ある程度の経験がある人でも、新たな業務に取り組むときや対応経験のない疾患をもつ利用者を受け入れるとき、チームのリーダーや管理職に昇任するときなど、はじめての体験に不安はつきものです。

3 背景がわかれば対応も変わる

アンガーマネジメントは自分自身の感情のマネジメントですが、怒りの背景の感情に目を向けることは、利用者の理解にも役立ちます。

例えばこんなイライラ

八重さん（80歳代・女性）は、施設に入所して1年になりますが、最近、頻繁に怒るようになり、また、スタッフに対して細かい要求を多く出してきます。そのためスタッフの多くは八重さんに対して苦手意識をもつようになってしまいました。

さて、イライラして怒りっぽくみえる八重さんの感情は、どのようなものだったのでしょうか。

イライラの原因を探るため、鈴木さんは1人で過ごしている八重さんに声をかけてみました。すると、八重さんは娘さんの面会を楽しみにしていたのですが、最近娘さんは仕事が忙しく、面会に来られなくなってしまったと話してくれました。

つまり、八重さんの怒りの背景には、娘さんに会えない「寂しさ」や「孤独」、家族の面会がある利用者への「うらやましさ」、この先の生活への「不安」などの感情があったのです。

必要最低限のかかわりですませようとするのか、それとも、怒りの背景にある感情に目を向けるかでは、八重さんへの理解の深さが大きく変わります。

日々の観察を大切に

高齢者が怒りっぽくなる背景には、加齢による脳の萎縮、体力の衰えや身体の不調によってそれまでできていたことができなくなること、子どもの巣立ち、配偶者や同年代の友人の死という喪失体験などにより気持ちが不安定になりやすいこともあげられます。また、自分を尊重してほしいという気持ちもあるでしょう。

怒りが高まると、落ち着きがなくなる、語気が荒くなる、早口になる、急に言葉数が少なくなる、目つきが鋭くなるなど、表情や行動に変化がみられます。怒りが爆発する前にその前兆をとらえることができれば、その後の対応も変わってきます。

また、入所施設で普段から接している場合は、普段の様子との違いをとらえることもポイントです。いつもあいさつする人が今日はしない、いつもしゃべる人が黙り込んでいる、食事をしないなどです。単に機嫌が悪いようにみえても、実はよく眠れなかった、倦怠感がある、あるいは身体に痛みがあるなど、本人も適切に表現できない体調の変化が隠れている場合もあります。

この人はどうしてイライラしているのだろうかと、その背景の感情を推察してみると、その人のこころのコップに溜まった水を少しこぼして、気持ちを軽くする支援の方法が見つかるかもしれません。

怒りの性質

　日常のことなのに、あらためて考えてみるとよくわからない、そんな怒りについて、もう少し説明します。

　皆さんは「ばらの花」を知っていますよね。それでは、「ばら」を漢字で書くことはできますか？　読むことはできても、いざ書くとなると難しい。怒りもそんな感覚と似ています。怒りがあることはわかるのに、実はよく理解できていないのです。

　怒りは、それ自体が悪いものとは限りません。ですから、否定するのでなく、自分の感情を知って上手に付き合っていくことが大切です。そのために、まずは怒りの性質を知ることから始めましょう。

怒りを知ろう

029

1 身近な対象 ほど強くなる

　怒りは身近な人に対して強く感じやすい性質があります。他人ならたいして気にならないのに、家族に対しては些細なことで怒ることもあるでしょう。

　介護の場面では、移動や排泄、入浴など、身体に触れるケアが多くあります。また、入所施設では、利用者とかかわる時間が長くなるにつれて関係性が深まります。その一方で利用者に対する怒りが生じやすくなることがあります。利用者が施設の規則や指示を守っていないときに、入所して日が浅い利用者には冷静に対応できても、身近に感じている利用者にはつい声を荒げてしまうこともあります。利用者への指導や注意といいながら、相手を自分の思いどおりに動かそうとする危険性があることを意識しておく必要があります。

　誰しも、利用者に頼られればうれしいし、仲よくなりたい、信頼関係を築きたいと思うでしょう。でも、親身になって利用者の相談に乗り、献身的に世話をすることが行きすぎると、距離感を見誤ることがあります。自分では気づかないうちに親密になりすぎてしまうことには注意が必要です。

　良好な関係だと思っていたのに、「利用者から頼られすぎて無理な要求が増えてしまった」「私はこんなにお世話しているのに」という利用者への不満が湧いてくるかもしれません。心理的な距離を詰めすぎると、知らず知らずのうちに、感情が揺さぶられ、冷静な判断を妨げる可能性もあります。

　利用者と適度な距離を保つことは、介護の専門職として自分の身を守ることにもつながります。

マイ

入所したばかりの利用者には丁寧に対応できるのに、入所期間が長くなると、相手の性格もわかってくるし、仲良くなれるけど、イラッとしたときについ口調がキツくなってしまうときがあります。後で自己嫌悪。

そうそう、それが虐待につながったりするかもしれないから私たちは注意しないといけないよね。

トモコ

私の身近な人は、やっぱり家族かな。買い物に行って、うちの子がスーパーで走り回ったりすると、こっちもイライラして怒鳴りつけてしまうけど、よその家の子のことは大して気にもならない。

トモコ

マイ

もしかして、この新人（健太）にイライラするのも、身近な人だから？
いやいやそんなことないですよね。

ん…？

健太

怒りを知ろう

031

2 上から下へ流れる

　怒りは、上から下へ、強い人から弱い人へ向けられます。もし、上司が気分によって叱責したら、その内容や状況によってはパワーハラスメントにあたる場合もあります。そして、スタッフの立場ではどんなことが起こるでしょうか。その叱責が理不尽だと思っても上司には言い返せず、ムシャクシャした気分で仕事に戻り、つい業務が粗雑になったり、利用者への対応が刺々しくなったり、自分が受けた怒りを別の弱い立場の人へぶつけてしまったりすることがあります。

　高齢者虐待は、介護職の職場や家庭のストレスによるイライラを、自分よりも弱い者すなわち要介護者（利用者）に、不適切にぶつけてしまった例といえます。

トモコ：それ課長だ！　この前、施設長に叱られて機嫌が悪かったんだわ。それを私たちみたいな弱いスタッフにぶつけるなんて、パワハラよ。

マイ：トモコさんは、課長に言い返していますよね。私は、叱られても言い返せなくて、ムカムカしたまま介助してしまうことがあるんです。そのうちに虐待してしまうんじゃないかって怖くなるんです。

健太：僕はこの職場で一番弱い立場だから、先輩たちの怒りのはけ口になってしまう。

トモコ：なに〜？（怒）

 鈴木さん
まあまあ、落ち着いて。
これは、年齢や仕事上の役職などの立場の上下関係だけではないのですよ。例えば、親子の上下の関係は流動的です。

 トモコ
たしかに。仕事でムカつくことがあった日に息子のことをいつも以上にきつく叱りつけてしまったこともあるし、息子も学校で何があったのか不機嫌で当たられることがあるもの。

 マイ
スタッフと利用者さんとの関係でもいえることですよね。
スタッフが利用者さんに対して命令口調になったり、介助が手荒になったりすることもあるし、利用者さんから八つ当たりされることもある。上下の関係って、一概には決められませんね。

3 伝染しやすい

　職場に不機嫌な人が1人いるだけで、その場が険悪な雰囲気に包まれます。朝、出勤前の忙しいときに子どもが起きない、急いでいるのに電車が遅れたなど、さまざまな事情があるでしょう。しかし、家庭のイライラをそのまま職場に持ち込むと、同僚も利用者も居心地が悪くなります。

　これを情動伝染といいます。怒りに限らずさまざまな感情は周囲に伝染します。ムードメーカーとなる人がその場にいると、周囲の人も明るい気分になるでしょう。誰かに微笑みかけられたら自然に微笑み返す、悲しんでいる人がいたらその悲しみを一緒にかみしめる…。このように自然に感情が伝染していくのです。

　また、怒りはポジティブな感情よりも伝染力が強く、伝染するスピードも速いといわれます。ところが、自分が不機嫌でいることが周囲に影響を及ぼしていることに、当の本人は気づいていないことも多いのです。

　もしかしたら、怒っている人は表情や態度で示している場合もあるでしょう。怒りは伝えたいことがあるときの感情でもあります。でも、怒ることによって伝えられることもあれば、怒りによって伝えたいことが伝わらないこともあります。「あの人は不機嫌な様子だから近寄らないようにしよう」と思われてしまっては、伝えたいことが伝わらないばかりか、周囲の人からの信頼を失うことになりかねません。

　怒ったときに感情的に表情や態度で表すのでなく、感情を適切に伝えることが重要です。この伝え方については、第5章で紹介します。

ほら。これも課長のことだ。課長がフロアに入ってきた瞬間に機嫌がいいか悪いかすぐにわかるもの。

私も、課長の機嫌が悪そうな日は近寄らないようにしています。一気に雰囲気が悪くなりますよね。でも、周りの人まで嫌な気分になっているというのに、本人が気づいていないのが厄介ですよね。

本人が気づいていないだけで、不機嫌なオーラ全開で仕事している人は、ほかにもいるんじゃないですか〜。

ちょっと！誰のことよ。ケンカ売ってんの？

トモコさん、落ち着いてください。

4 エネルギーになる

　怒りのエネルギーをうまく活用すれば、自分の味方になってくれることもあります。

　スポーツで試合に負けて、今度こそ勝つぞと一生懸命に練習する、失恋して落ち込んでいるよりももっと素敵な恋愛をしようと自分をみがく、職場での処遇やシステムの改善が進まない不満を愚痴るよりも自分の力で組織改革しようと昇進試験の合格に向けて勉強する。

　このようにエネルギーを活用して、目標達成への原動力に変え、自分の向上心につなげることができます。

　ある施設に、就職して間もないスタッフが介助しても口を開けてくれない利用者がいました。結局そのスタッフは先輩に介助を交代し、先輩が少々強引に口を開けて、大きなスプーンで介助する様子を見て、「自分はそんな介助をしたくない」と怒りがこみ上げてきました。「どうしたら食べてもらえるのだろう」と試行錯誤を繰り返すと、ようやくその利用者が食べてくれました。このときの感動が介護の仕事を続けていく支えになったそうです。

マイ

> 私は怒りが原動力になっていることがあります。あるとき利用者の1人に「資格もない人に世話してもらいたくない」って言われちゃったんです。それまでも、私なりに頑張ってきたし、勉強会にも参加して、介護技術だって練習してきたのに、「そんな言い方するなんてひどい！」って怒りが込み上げてきました。認めてもらえないことに落ち込んだし、悔しいし、そのときは、その利用者さんのお世話をするのも嫌になってしまったんです。

マイ：でも、利用者さんに安心して介護を任せてもらうためには、資格も必要なのかなって思い直して、介護福祉士を目指して勉強を始めたんです。

トモコ：マイさんは今度の国家試験に申し込んだって言っていたよね。こんなに忙しい職場で、仕事と勉強を両立しながら続けてきたきっかけには、そんな出来事があったのね。

鈴木さん：そうでしたか。試験、応援していますよ。

注3 意したい怒り方のタイプ

　怒りは感情の一つですから、怒りを感じてはいけないということはありませんし、感情によしあしはありません。しかし、表現方法によっては、周囲の人との関係を崩してしまうことがあります。ストレスが多く、こころの余裕がないときなど、ついイライラしてしまうことがあるでしょう。不安や悩み、ストレスを抱えているときには、その表現方法を失敗してしまう危険性があります。また、普段から不適切な怒りの表現を繰り返している場合には、ストレスが溜まりやすく、悪循環に陥ってしまいがちです。

鈴木さん

怒りの感情自体は悪いものではないのですが、もっと怒りとうまく付き合っていくために、注意が必要な怒り方のタイプを学びましょう。
ここでは、四つ説明します。

必ずしも、誰もが四つのタイプのどれかに当てはまるわけではありません。また、いくつかのタイプを併せもっている人もいます。これが極端に偏っていると、他人を傷つけたり、自分自身を傷つけたりする危険性があります。しかし、自分の傾向について、自分では気づかない場合もありますし、周りの人のとらえ方とは異なる場合もあるでしょう。

　怒り方のタイプによって、対処法も変わってきます。また、自分の傾向に合った対処法を身につけることは、怒りへの対処を上達させる近道です。ですから、ときどき自分でチェックしてみたり、周りの人に聞いてみたりして、怒り方のタイプを客観的に知っておくことが大切です。

強度が高い

　一度火がつくと激しく怒り、誰にも止められなくなるタイプです。相手が謝っても怒りが収まらず、怒っている本人にもコントロールできないのです。

　物事を白黒はっきりさせたい、0か100かという両極端な考えで、怒りのスイッチが入ると一気に全開という人は、小さなことにも激しく怒りを表出してしまう場合があります。

　あまり激しく怒る上司がいたら、スタッフが萎縮して、報告や相談をためらうようになります。小さなミスが隠蔽されるようになると、いずれは大きなミスを引き起こします。

　若手のスタッフや後輩に機嫌をうかがわれるようでは、信頼を失いますし、風通しのよい職場をつくることができません。

　怒りは、幅の広い感情です。強度が高い人は、怒りが生じたときに、その出来事を白か黒かだけで見るのではなく、中間のグレーの部分を感じてみてください。

「キレる」っていうことなのかしら？ ひと昔前なら「瞬間湯沸かし器」とか言われていたタイプよね。全く手がつけられないと困ったものよね。こういう人とは一緒に働きたくないわ！

トモコさんはこのタイプだと思いますけど…。(ヒソヒソ)

鈴木さん:自分で感じていることと、周りの人から見えていることは違うこともありますよね。

健太:周りに怒りの火の粉が降りかかるのに、自覚がないのは困りものですね。

鈴木さん:自分がこれまで意識せずに繰り返してきた表現のパターンに気づくというのは、難しいものですよ。だから、こうやって勉強して、自分の傾向を見つめるのが大事なんですよね。

鈴木さん:激しく怒ってしまう人は、白か黒か、0か100かでなく、中間を見つける練習をしてみるとよいですよ。

怒りを知ろう

041

2 頻度が高い

　しょっちゅう怒っているタイプです。日常的に声を荒げ、不満を言っている人はいませんか？

　ほかの人にとっては「怒るほどでもないこと」「大して気にもならないこと」に対してイライラするのです。

　些細なことにいちいち怒るのは、エネルギーの無駄使いです。職場にいつもイライラして不満ばかり言っている人が1人いるだけで、職場の雰囲気が悪くなり、スタッフの仕事の効率も下がってしまいます。

　周囲から「あの人はいつも文句ばかり」というレッテルを貼られて、いちばん損をするのは自分自身です。また、本当に怒った場面で、取り合ってもらえない可能性もあります。

　無駄なことに怒らないですむように、怒ることと怒らなくてよいことを分けられるようになるとよいでしょう。

健太：いるいる。朝から晩まで、文句ばっかり言って、その割には改善策を出すわけでもないし、陰口やうわさ話や足の引っ張り合いばかりで、嫌な仕事は押し付ける。不満しか言わない人は、ウザいですよ。

トモコ：そうはいっても、このタイプの人って、どこの職場にも1人や2人はいるんじゃないかな。

マイ

私もこのタイプの人が、何人かは思い浮かびます。いつも何か怒ることを探しているんじゃないかと思うほど、些細なことにも怒っている人がいますよね。
みんなが気持ちよく働けるようにすればいいのに。

鈴木さん

これも、本人にしてみれば自覚がないことが多いのですよ。いつも怒っている人は、怒らなくてもいいことにも怒っているのです。必要なときにしっかり怒る、不要なことには怒らずにやり過ごせるように、仕分け作業ができるといいですよ。

怒りを知ろう

3 持続する

　昔の嫌な出来事をいつまでもくよくよ考えたり、何度も思い出したり、いつまでも怒り続けたりしてしまう、根にもつタイプの人です。

　怒りが爆発して興奮した状態は一定の時間が経てば収まりますが、ふと思い出して怒りが込み上げてくるような状態が長く持続することもあります。

　怒りを引きずる時間は、人によって違います。怒鳴った後に3歩歩けばケロッとしている人もいますし、朝はイライラしていたのに、昼食の後には機嫌が直っている、一晩寝たら忘れる、3日ぐらいは悶々とする、数週間は…など。これが持続する人は、子どもの頃の出来事を大人になっても思い出して怒りが込み上げたり、「一生忘れない」という怒りを引きずっていたりすることもあります。

　怒りが持続していると、「思い出すたびに腹が立つ」「今度会ったら仕返ししてやろう」といったように、過去や未来へ意識が飛んでしまうことがあります。

　意識を今ここに集中することで、怒りに振り回されずに、気持ちを切り替えることができるようになります。

 マイ：私はこれに当てはまります。みんなそうじゃないですか？

 トモコ：私は、あまり引きずらないかな。一晩寝たら忘れちゃう。

 マイ: 私って根にもつタイプっていうことなのでしょうか？

 健太: マイさんは怒りをエネルギーにして勉強しているんだから、怒ったことを忘れちゃったら、試験に合格できませんよ。

 マイ: が〜ん…。

 トモコ: ちょっと、マイさんが頑張って勉強しているのに、縁起でもないことを言わないでよ。

 鈴木さん: 怒りが持続してしまうようなら、目の前のことに集中する練習をしたら受験勉強にも役立つかもしれませんね。
あとは気持ちの切り替えが上手になると、きっと気分も軽くなりますよ。

怒りを知ろう

045

4 攻撃する

　怒りによって、他人や自分を攻撃してしまうタイプです。

　人を責める、あるいは暴力を振るうなど、誰かを傷つける方法で怒りを発散する一つの例が虐待です。

　攻撃性は、他人だけでなく自分に向けられることもあります。「どうしてあんなに怒ってしまったのだろう」と後悔や自責感、罪悪感、ときには自分を傷つける行為として怒りを表出する場合もあります。

　また、物に当たるという人もいます。器具を乱暴に扱ったり、壊したり、音を立ててドアを閉めたりという行為です。

　自分の感情とうまく付き合えるようになると、怒りを発散する矛先を探す必要がなくなります。

トモコ：息子や夫を怒鳴りつけてしまうのも、攻撃性って言われるとそのとおりよね。注意しなくちゃ。

鈴木さん：声を荒げるだけでなく、相手が傷つくとわかっていて嫌なことを言ったりする人もいますよね。

マイ：陰湿な攻撃性は怖いですよね。虐待の問題も目に見える身体的な暴力だけでなく、精神的に痛めつけるような事例を聞くことがあります。
私はあまり激しく人を攻撃することはないと思いますけど、怒っちゃった後ですごく落ち込みます。あとイライラしてやけ食いしちゃうのも、ある意味では自分を傷つけているのかも。

トモコ　あと、物に当たるっていうのも、よくないと思いつつ、時々やっているかも。利用者の記録ファイルを書いてバシッと音を立てて閉じるの。

僕はイライラが自分に向かうタイプかな。
健太

トモコ　そうなの？
そんなふうに見えないけどね。

怒りを攻撃性として表出することは、周りの誰かや自分自身を傷つけてしまいます。
鈴木さん
ですから、
「他人を傷つけない」
「自分を傷つけない」
「物に当たらない」
という三つのルールを決めておきましょう。

怒りを知ろう

047

視覚化して分析しよう

4

1 怒りをメモしよう

　怒りを感じる出来事やその程度は、人それぞれです。皆さんは、どんなことに怒りを感じるのか、自分の傾向がわかりますか。自分の傾向を客観的に見つめるためには、怒りのメモがお勧めです。

　実はしょっちゅう怒っている人でも後から思い起こすと何に怒っていたのか思い出せないということがあります。また、怒っているのにいざ書こうとすると書けないという場合もあります。文字にすると、こんなちっぽけなことに怒っていたのかと恥ずかしくなることもあります。でも、そんな人にこそ、メモを取ることをお勧めします。

　メモに書く内容は、図のとおりです。自分の書きやすい形式で、すぐに書くことがポイントです。小さな手帳をポケットに入れておくとよいでしょう。

図　怒りのメモ

①日時
②場所
③できごと
④そのときに思ったこと　感じたこと
⑤怒りの強さ（点数）

©日本アンガーマネジメント協会

文字に残すことで、あいまいでとらえどころのない怒りを客観的に見ることができます。また、書くことにより怒りをクールダウンできます。怒りを感じるたびに書いて、メモが溜まってきたら、それを分析すると自分が怒るスイッチがどこにあるのかを知ることにも役立ちます。

　鈴木さんは、トモコさん、マイさん、健太くんと一緒に勉強するなかで、怒りのメモを取るという宿題を出していました。

鈴木さん

> 今日は、皆さんが最近怒ったことを出し合ってみましょう。怒ったことをメモしてみましたか。トモコさんは、どんなことに怒りましたか。

トモコ

> 私は家族のことが多いかな。息子が買ってあげたばかりの野球のグローブを失くしてきたの。結構高かったのに、「失くしちゃったから、また買って」って言われて、思わず「いくらするかわかっているの？」って怒鳴りつけちゃった。
> ほかにも、家に帰ると玄関の靴を揃えていないとか、夜更かしするとか、毎日何かしら怒ることがあって書ききれない。

怒りを知ろう

049

トモコ

あとは夫のこと。私が仕事で疲れて帰っても夕食のしたくや片づけも手伝わないで、テレビを見ているから腹が立つ。別に料理してくれとは言わないけど、茶碗を出すとか、食器を洗うとかできることもあるのに、何もしないの。

トモコ

あと、一応仕事のこともね。
介護記録や日誌の文字が汚いのをなんとかしてほしい。ほかのスタッフが読めない記録なんて役に立たないじゃない。あと倉庫の備品がなくなっているのに補充していないのもムカつく。これも、毎度「最後に使ったら補充して」って言っているのに、なんでできないんだろう。一体誰よ！

鈴木さん

いろいろ大変ですね。ひとまずこの辺にして次にマイさんがどんなメモを書いてきたのか聞いてみましょう。

マイ

私は、忙しい時間帯に何度も同じことを聞いてくる利用者さんにイライラしました。フミさん、洗濯物が届かないのが気になっていたみたいで、午後2時にクリーニングが届いたらお部屋に持っていくと何度も説明しているのに、お昼前から何度も「洗濯物はまだ届かないのか」って聞かれて、最初のうちは優しく対応できたのに、昼食の片づけの忙しいときにまた声をかけられて、つい「だから、2時まで届かないって言っているでしょ！」って言ってしまって…、結局後から自己嫌悪です。

マイ

それから、木村さん、居室の壁に便で絵を描かれていて、「またか…」と思ったらイライラしてしまったんです。
ほかにも、佐藤さんは、よく食事の直後に「まだ食べていない」って怒っているじゃないですか。それに、コップがなくなったとか、メガネが盗まれたとか、いつものことだとわかっているのに、忙しいときは優しく対応できないんです。

怒りを知ろう

051

マイ

加齢による変化も、認知症の症状も、頭では理解しているつもりなのに、イライラしてしまって…。

 マイ

そうそう、最近の大きな出来事は、このまえ加藤さんが熱を出してしまったときに、息子さんが突然怒鳴り込んできたじゃないですか。普段は全然面会にも来ないのに、こういうときだけ文句を言われて理不尽だなって思ったんです。私たちが普段からちゃんと介護をしていないみたいに言われたのが、今でも思い出されてムカつくんです。

利用者さんのことばかりで、書けば書くほど私って未熟だなって落ち込んじゃいました。

鈴木さん 加藤さんの一件は、私も怒りのメモに書きましたよ。あの日はマイさんと一緒の勤務でしたけど、息子さんの苦情は激しかったですよね。説明しようにも、全く聞く耳をもってもらえないので、さすがにイラッとしました。

鈴木さんでも怒ることがあるんですね。さすがにあの時はスタッフ皆が怒っていましたよね。ほかにはどんなことに怒るんですか？
マイ

鈴木さん 私は会議が予定の終了時刻を過ぎても終わらないのにイライラします。昨日は、お祭りの準備の話し合いがあったんです。課長が「介護課あげての一大イベントだ」とか「盛大に豪華に地域住民への広報も大規模に」とか言う割に予算は削減されるし、デイサービス部門のスタッフがいろいろ意見を出してくれるのですが、それが二転三転して、出店や装飾がちっとも決まらなくて、結局1時間も超過ですよ。業務にも影響しますから、会議は予定通りに終えてほしいですね。

怒りを知ろう

053

2 怒りに点数をつけよう

　点数をつけることで、自分の怒りの程度を知ることができます。怒りの強さを0点から10点までの点数で表します。0点が怒っていない平穏な状態で、10点が最も強い怒りです。点数は相対的なもので「前は4点だったから、今回の出来事だと3点かな」という感じです。怒るたびに「これは何点だろうか」と自分に問いかけてみましょう。

　点数をつけていくうちに、怒りの程度が大きい出来事と小さい出来事について、自分の傾向がわかってきます。はじめのうちは、高い点数をつけてしまうかもしれませんが、繰り返すことで怒りの強さに幅があることがわかってきます。

　「強度が高い」や「攻撃する」など、怒りが一気に爆発してしまう人は、点数を意識することでクールダウンできます。

　職場でこの点数について共通の認識をもっていると、イラッとしたときに怒りを反射的に表現せずに、ユーモアも交えて相手に伝えたり、聞いてもらったりすることができます。ぜひ、皆さんで取り組んでみてください。

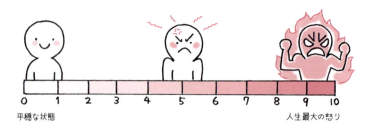

鈴木さん: それでは、出来事一つひとつに点数をつけてみましょう。平穏な状態を0点として、人生最大の怒りを10点とします。

トモコ: イライラすることはたくさんあるけど、夫が家事を手伝わないことが第一位。

出来事	点数
息子が野球のグローブを失くした	7点
玄関の靴を揃えない	5点
夜更かしする	5点
夫が家事を手伝わない	9点
介護記録や日誌の文字が汚い	3点
備品が補充されていない	4点

マイ: 私は加藤さんの息子さんからのクレームが本当に理不尽だと思うので9点です。

出来事	点数
何度も同じことを言ってくる	6点
居室の壁に便で絵が描かれた	5点
食後に「食べていない」と言われた	5点
家族からのクレーム	9点

鈴木さん: 私は、会議のことが2点、家族のクレームは1点です。

出来事	点数
会議が予定時間を超過した	2点
家族からのクレーム	1点

マイ: え～？ 息子さんにあんなに怒鳴られたのに1点ですか？

鈴木さん: まぁ、息子さんは怒り狂っていましたけど、私が激怒したわけではないですし、家族のクレームに対応するのも仕事のうちですから。

マイ: こんなに点数が違うものなのですね…。

鈴木さん: とりあえず、今回は自分の傾向を知ることが目的ですから、自分の主観で点数をつけてみて、どんなことに点数が高くついたのか、ということがわかればよしとしましょう。

トモコ：ところで、健太くんは、どんな怒りのメモを書いてきたの？

健太：僕のメモは、ちっぽけなことなので、話すほどのこともないです。

トモコ：ちょっと、見せてみなさいよ。
「車いすの移乗の介助がうまくできない自分に腹が立つ　3点」
あら、健太くんは、自分に腹が立っているのね。

健太：だから見せるほどのものでもないって…。

トモコ：よし！　じゃ、明日の昼食の誘導のときに、車いすの移乗を一緒にやってみましょう。

マイ：車いすの介助は1人じゃ練習できないからね。私も練習に付き合ってあげる。

健太：え？　いいんですか？

怒りを知ろう

057

コラム 怒ったときの身体の変化

　身体の変化に着目してみることも、自分の感情に気づく助けになります。怒りを感じたときに、身体の感覚や表情にどんな変化があるでしょう。「眉間にシワがよる」「口がへの字になる」「ムカムカする」「動悸がする」「頭や身体がカーッと熱くなる」「ため息をつく」「拳を握る」「周りが見えなくなる」…。

　怒りを表す言葉には、身体の変化を表現しているものが多くあります。「頭に血がのぼる」「腹が立つ」「腹に据えかねる」「はらわたが煮えくり返る」「息巻く」「声を荒げる」「吐き捨てる」「怒髪天を衝く」「目くじらを立てる」「目を吊り上げる」「にらみつける」「わなわなと震える」…。怒ったときの身体の変化をよくとらえていると思います。

　怒りの程度や背後の感情によって、身体の変化も異なります。まずは、自分の身体の変化に向き合ってみましょう。

第3章 怒りへの対処法を身につけよう

反射的な言動を防ぐ

　勢いで怒りを爆発させてしまった後に、「言いすぎた」「どうしてあんな対応をしてしまったのだろう」と自己嫌悪に陥る人がいます。それが事件やクレームにならなかったとしても、後味が悪いのではないでしょうか。

　カチン！　ときたときに「反射的な行動をとらない」ことが重要です。例えば、利用者の言動に対して「売り言葉に買い言葉」というように反射的に反応すると、感情にまかせた不適切な対応になってしまう危険性があります。カチン！　ときたときの怒りのピークは、ほんの数秒間です。怒りが消失しなくても、この数秒間をやり過ごすことができれば、大きな失敗は回避できます。

　怒りをクールダウンさせる方法がいくつかあります。例えば、先に紹介した怒りの出来事を書くことは冷静さを取り戻させる効果があります。また、短時間でもその場を離れて気分転換するという方法もあります。とはいえ、目の前に利用者がいる状況では、その場での対応が求められます。そこで、怒りに対する反応を数秒間遅らせるためのテクニックを紹介します。状況に応じて試してみましょう。

1 魔法の呪文を唱える

　忙しくてイライラしているとき、理不尽な扱いを受けたときなどに、「売り言葉に買い言葉」で、そのまま言い放っては、怒りが爆発してしまいます。そんなときに備えて、「魔法の呪文」を用意しておくという方法があります。つい相手を攻撃するような言葉が出そうになったら「大丈夫、大丈夫」「何とかなるさ」「なるようになるさ」「これも給料のうち」など、準備した言葉をこころのなかで言ってみるのです。普段から使っている言葉をいくつか探してみてください。

　また、「この状況を乗り越えられたら私ってすごい！」「見返してやる」「流れが変わるときがくる」「今が成長のチャンスだ」と自分を励ます言葉「ポジティブフレーズ」を、自分に言い聞かせることで気持ちを奮い立たせ、感情を上手にマネジメントできるようになります。

　かわいがっているペットや子どもの顔を思い浮かべると気持ちが落ち着くというように、イメージを思い浮かべる方法が向いている人もいるようです。

　こころのなかでユーモアをもって反論してみるというのも、相手に悟られずに怒りを落ち着かせる一つの方法です。こころのなかで「なんとおっしゃるうさぎさん〜♪」と童謡「うさぎとかめ」のワンフレーズで反論してみたら、怒りも和むかもしれません。

　これらには、特別な技術はいりません。自分を支えるためのフレーズをもっている人は多いと思います。普段、意識せずに使っている言葉を、いざというときに思い出せるように準備しておきましょう。言葉は、感情を整える大きな力をもっているのです。

怒りへの対処法を身につけよう

061

トモコ　ですから、何度も申し上げているように利用者さんは大勢いるのでお1人だけ特別扱いすることはできませんから！

マイ　トモコさんの怒りスイッチが入っちゃったみたいですね。

健太　電話の相手は加藤さんのご家族なのですが、さっきから興奮気味ですよ。

マイ　そうだ！　トモコさんに魔法の呪文を！

健太　はいっ！　（ボードに「トモコさまは、女神さま」と書いてトモコに見せる）

トモコ　（はっ！）そうでしたか。ご家族もお忙しい状況だとお察しします。それで、私どももできるだけご協力させていただきたいところなのですが、あいにくその時間はどうしてもご希望に沿えません。ご理解いただけないでしょうか。

健太　トモコさまが女神さまになった。

点数をつける

　自分の傾向を知る方法の一つとして、怒りの程度を０から10までの点数で表す方法を紹介しました。怒りを感じたときに「この場面は何点だろうか」と考えることを習慣にするのも反射的な言動を防ぐ方法の一つです。

マイさんの怒りスイッチが入りましたね？
今回は何点ですか？
健太

マイ
は？　え〜っと、５点かな。

それは大変でしたね。
健太

マイ
ちょっと、何があったのか聞いてくれないの？

聞いたじゃないですか。５点の出来事ですから、
火の粉が降ってこないうちに逃げないと。
健太

怒りへの対処法を身につけよう

063

マイ: もぉ〜。どうでもよくなってきた。

鈴木さん: クールダウンできてよかったですね。

マイ: そう言われれば、そうですね。点数をつけるんでしたね。

3 怒りの形を観察する

　物事を文章や言語でとらえることが得意な人もいれば、イメージやからだの感覚でとらえることが得意な人もいます。後者の人に有効な方法として、怒りの形をイメージして、外面化する、客観化する方法があります。子どもに使いやすいテクニックですが、文章よりもイメージを思い浮かべるのが得意な人には大人でも効果があります。

　その怒りは、どんな色ですか？　大きさは？　形は？　手触りは？　硬さは？

　怒りの形を視覚化してみてください。そして、風船が割れるようにパンッと弾けて消える、あるいは、ゴミ箱にポイッと投げ入れるところをイメージして、この怒りをなくしてしまいましょう。

　紙に描いてみてもよいでしょう。絵が上手かどうかは関係ありません。ゲーム感覚で誰かと一緒にやってみると、同じ出来事でもお互いのイメージが違っていたり、あるいは似たような形が浮かんできたりして、楽しみながらその場を和ませることができるかもしれません。

深呼吸をする

　怒りを感じるときやストレスを感じるときは、自然と呼吸が浅くなり、緊張が高まります。落ち着いた場所で呼吸を整える時間をとることができると、リラクゼーション効果によって怒りを軽減する効果が得られます。呼吸に意識を集中することで、反射的な言動を防ぎます。
　静かにゆっくりと口から息を吐きます。吐ききったら自然に鼻から吸い込みます。ゆっくりと数をかぞえ、吐くほうを長くするように意識して、繰り返します。
　深呼吸は、誰でも簡単に取り組むことができます。静かに呼吸を整えることで冷静な自分を取り戻すのです。

 ## その場を離れる

　介護する側も介護される側も、人ですから相性もありますし、どうしても苦手意識をもつこともあります。穏やかに対応できず、イライラしてしまうときもあります。
　イライラして冷静に対応できないときは、その場を離れるという選択もあります。業務の分担は決まっていても、どうしても自分が対応しなくてはならない場面は、それほど多くないのです。ほかのスタッフに代わってもらうのも、対処の一つです。
　もしかしたら、利用者や家族からのクレームや緊迫した状況で、その場を離れられないこともあるかもしれません。テクニックは、そのときどきで、使いやすいものを試してみましょう。

CASE メガネが盗まれた

Before

佐藤さん：大変だ！　すぐに来てくれ。

マイ　　：はい。すぐにうかがいます。

　　　　　もう！　まったく…。佐藤さんは些細な用事で何回もコールを押すから頭にきちゃう。さっきも、メガネが盗まれたと言うから、訪室したら、頭の上に乗っていたの！　そんなことで、いちいち呼ばれたら、ちっとも仕事がはかどらない！

マイ　　：佐藤さん、またですか？　今度はなんのご用ですか？

佐藤さん：メガネが盗まれたんだ！

マイ　　：メガネなら頭の上に乗っていますよ。忙しいんだからそんなことでいちいち呼ばないでくださいよ。

佐藤さん：なんだその言い方は！

反射的な言動を防ぐテクニックを
身につけると…

After

佐藤さん：大変だ！　すぐに来てくれ。
マイ　　：はい。すぐにうかがいます。
　　　　　またコールだわ。今日はもう何度目かしら。でも、こんなときは…

マイさんは、鏡に向かってにっこりと笑顔を作ります。
「にっ！」
それから佐藤さんの部屋へ向かいます。

マイ　　：佐藤さん、どうなさいましたか？
佐藤さん：メガネが盗まれたんだ！　誰かがこの部屋に勝手に入ってきているに違いない！
マイ　　：メガネが見当たらなくて、お困りなのですね。佐藤さん、先ほどメガネを頭の上に乗せたのではないですか？　**と、穏やかに対応。**
佐藤さん：ん？　こんなところにあったのか。
マイ　　：見つかってよかったですね。また、お困りのときはいつでも呼んでくださいね。**と、にっこり笑顔で退室。**
マイ　　：よし！　成功。

マイさんは、反応を遅らせるテクニックを活用しています。佐藤さんからのコールが多くイラッとしたとき、訪室する前に一呼吸おいて鏡を見て笑顔を作るという行動をとるようにしました。ほんの数秒間で、佐藤さんへの対応が変わりました。

　「にっ！」と言ってみるというほかに、「魔法の呪文」を唱えてみたり、点数をつけてみたり、あるいは3回深呼吸をしてから部屋に入ったりなど、いろいろ試してみてもよいでしょう。

　介護は人と人とがかかわる仕事ですから、相手は変えられなくても、自分の対応によって相手の反応が変わります。スタッフが穏やかな口調で対応すれば、相手もそれに応じて、気持ちが落ち着いていきます。

　また一方で、人と人とのかかわりですから、毎回うまくいくとは限りません。何回か試してみて、そのうちの一回成功すれば上出来です。

怒りを引きずらない

　怒りは人によってさまざまで、反射的に怒りを爆発させ、一時的に感情的になっても後に引きずらない人もいます。一方で、嫌な出来事があったとき、それが頭から離れないという人もいます。

　イライラした感情を抱えたままでは、目の前のことに集中できなくなり、仕事の効率が下がります。スタッフとのコミュニケーションにも影響しますし、ミスが起こりやすくなります。また、家に帰っても気持ちを切り替えられなければ、家事もはかどらなかったり、家族に当たってしまったり、体調を崩してしまったりすることもあります。何よりも自分が苦しいのです。

　嫌な感情を引きずって過ごすより、気持ちを切り替えられるほうがよいでしょう。

マイ

> 私は嫌な感情が生じたとき、こころに溜めこんで引きずってしまうタイプです。怒りを感情的に爆発させるというよりは、怒りやそれに付随する不安、落ち込みが、再現ドラマのように頭のなかを巡るのです。

怒りへの対処法を身につけよう

思考をストップする

　嫌な出来事が頭から離れずに、気づけば仕事の手が止まっていた。考え事をしたまま、家まで帰ってきてしまった。

　そのように、グルグルと思考が巡ってしまうときは、こころのなかで「ストップ！」と叫んで、思考を止めましょう。

　「おわり！」「よし！　次に進もう」など、思考に区切りをつけるかけ声を準備しておくとよいでしょう。

マイ
（悶々、悶々…）

トモコ
あらら、マイさんの思考がグルグル巡っているみたいね…。

マイ
（私は頑張っているのに、あんな言い方しなくてもいいじゃない。私の意見を少しは尊重してくれてもいいんじゃないかしら。）（イライラ、イライラ…）
よし！　おわり！　さぁ、仕事、仕事！

トモコ
あ、戻った。

2 目の前の物に集中する

忙しくてスタッフに手伝ってもらおうと思ったら、誰もいない。「もうとっくに休憩時間も終わっているはずなのに、なんで戻ってこないの?」とイライラ。「もしかして、またサボっているのかしら」と過去の出来事に関連づけて、「戻ってきたら、何て言ってやろう」と先々を考えてしまう。また「もしかしたら、休憩室で寝ているのかしら?」と別の場所を想像してしまう。自分の意識が過去や未来、別の場所へと巡ってしまい、思い出してイライラ、想像してイライラ、そんな時は、目の前に集中しましょう。

これは、意識を「今」「この場所」に集中させるテクニックです。時計、ボールペン、服の縫い目…、目の前にある物だったらなんでもかまいません。目の前にある「何か」をじっと観察しましょう。

ボールペンを見てみます。

色は?　ブランドは?　ロゴは?　キズは?　グリップの弾力は?

「こんなところにキズがついている」「黒のインクが減っている」など、観察して感じたことを、つぶやいてみてもよいでしょう。

こうすると、意識が「今、ここ」にくぎ付けにされた状態になり、あれこれと怒りの考えが巡るのを止められます。一度集中しても、また思い出して「どこに行ったのかしら」と怒りが湧いてくるかもしれません。でも、練習すれば怒りから離れられるようになります。

怒りを抱えた状態のところにそのスタッフが戻ってきたら、嫌味を言って険悪な雰囲気になってしまいます。それよりも、気持ちを切り替えて、目の前の仕事に集中するほうがずっと有意義です。

怒りへの対処法を身につけよう

3 愚痴をこぼす

「愚痴」というとあまりよい印象がないかもしれませんが、話すことで出来事や感情を整理できる場合があります。重要なのは、話す相手をしっかり吟味することです。気持ちを吐き出したいのに、「私のほうがもっと大変」と相手の話題にすり替えられてしまったり、指導や批判を受けてしまったりしたら逆効果です。また、話すことで怒りの感情が思い起こされて、さらに怒りが増強してしまうことにも注意が必要です。

問題を解決できなくても、話してスッキリしたと感じられることを目指しましょう。そのためには、安心できる人に、安全な場所で話すことがポイントです。

　トモコさん、聞いてください。これこれしかじか、あんなこと、こんなことがあって。

　　　　　　　　　　よしよし。そうかそうか。

　はぁ、すっきり。

4 場面を切り替える

　仕事のイライラを家に持ち帰らない、あるいは家庭のイライラを職場に持ち込まないことが大切です。

　出勤時に家庭でのイライラを引きずったり、職場からの帰り道に仕事でのイライラを思い返してしまったり、布団に入っても昼間の出来事が頭を巡ったりするような人は、職場と自宅とで場面を切り替えるときに感情も切り替えるように練習しましょう。

　職場でユニフォームに着替えるとき、名札をつけるときなど、仕事のオンとオフで気持ちも切り替えるように意識しておくことも、感情をリセットするトレーニングになります。

　休日に旅行にでかける、山に登るなど、家や職場から離れた場所へ行くことも気分転換になるでしょう。ガーデニングなど目の前のことに集中できる時間をもつ、感動する映画を観て思いきり泣くというのもよいでしょう。

5 感情を リセットする

　1日の終わりに嫌な出来事をリセットするルールを決めておきましょう。毎晩眠る前にストレッチをする、ゆっくりと呼吸を整えて身体をリセットするなど、簡単にできることです。「今日も1日ありがとう」と言って、嫌な出来事があっても1日を過ごせたことに感謝の気持ちをもつという人もいます。

　仕事中にイライラしたら、今までで一番気持ちのよかった場面を思い出して、そのときの感覚を呼び起こすという方法も有効です。それは、いつ、どこで、誰がいて、どんな場面でしたか？　イライラしたときに、その感覚を思い出すことで、感情をリセットして、次の仕事に取り掛かるという方法もあります。

トモコ：あれは、夕暮れの浜辺で、心地よい潮風が髪を揺らすなかで、プロポーズされたの。（ぽっ）

マイ：ふかふかの布団に入った瞬間が毎晩幸せ。

健太：母さんの味噌汁がいちばんっ。

3 怒りの耐性をつくる

　そもそも同じ出来事に対して怒る人もいるし、怒らない人もいます。できることなら、些細なことには怒らないで、日々を楽しく過ごしたいと思いませんか？

　例えば花粉症の人は、花粉というアレルゲンに触れることで目がかゆくなったり、鼻水が止まらなくなったりする症状が現れます。アレルギーの治療には、症状が出たときに薬を飲む、マスクをつけるといった対症療法と、食事や生活習慣などを整えて、免疫を高める体質改善があります。

　怒りへの対処もそれに似ています。怒りの感情が発動したときに反射的な言動を防ぐテクニックを身につけるとともに、不要なことに怒らないですむように、怒りへの耐性をつくるのです。

　そこで、少し長期的に耐性をつくる方法を紹介します。予測される怒りの場面に備えて準備をしておくことと、気分転換を図りながら、こころに余裕をもつという考え方です。怒ったときでなく、普段の生活のなかで始めてみてください。

1 気分転換の
メニューを増やす

　イライラが長引く人は、あらかじめ気分転換のメニューを増やしておくことや、毎日の生活のなかに感情をリセットする時間をつくることも効果的です。ストレスやイライラへの対処として、実践している気分転換のメニューがあると思います。でも、それを普段は意識しないことも多いのではないでしょうか。あらためて思い返してください（p.19「ストレス解消法」を参照）。

私は平日の休みや夜勤明けに、1人でランチに行くのが自分へのご褒美かな。近所にお気に入りのお店があってね。安いし、おいしいし、何よりも自分1人の時間っていうのが最高の贅沢なの。

トモコ

マイ
私は家でお気に入りの紅茶を飲むことかな。あとは、部屋の掃除に没頭するのも気分転換になっているかも。

僕は最近自転車にはまっていて、街中を走るのが気持ちいい。

健太

076

2 演技する

　皆さんの職場には、怒ったところを見たことがないと思うような先輩や同僚がいませんか？　自分ならつい声を荒げてしまいそうな状況でも、いつも穏やかに対応する…。そんな人がいたら、真似してみてください。身近に思い当たる人がいなければ、尊敬する偉人や俳優、ドラマのヒロインなどでも構いません。その人の役（ロール）を演じることを、プレイロールといいます。服装など外見も意識して、その役になりきります。話し方や所作などをしっかり観察して、特徴をつかんでください。話し方、表情、声のトーン、話す速度、間の取り方などを真似して演じます。

　もし、自分が怒りを感じるような状況に直面したとき、その人だったら、どのようにふるまうでしょうか。意識して演じ続けることで、今までなら声を荒げてしまっていた状況にも、上手に対応できるようになるでしょう。うまくいかなければ、さらに研究を重ねて演技を磨いてください。合わなければ、別の人を選んで切り替えてもよいでしょう。あなたの言葉遣いやふるまいが変わると、周囲の反応も変わります。ぜひ、周囲の変化を感じとってみてください。

3 パターンを崩す

　人が怒るパターンはだいたい決まっていて、同じようなことに対して同じように怒る傾向があります。自分がどのようなときにイライラするのか、怒りのパターンを知ることができれば、そのパターンを崩すことで怒りを回避できる場合があります。

　例えば、使った物品は使った人が片づけるものと思っているのに、置きっぱなしになっている状況をみたときにイラッとしてしまうというような場合です。

　自分がイライラするパターンに気づいたら、そのパターンを崩す方法を考えてみましょう。

　使った物品を片づけてほしいと申し送りやミーティングで提案する、その場所に張り紙で警告する、片づけないスタッフに直接伝えるなど、自分ができることを考えます。いくつも思いつくと思いますが、まずは一つだけを試してみましょう。効果がなければ、そこでもう一つ試してみます。一度にいろいろなことを試すと、どれが効果的なのかがわからなくなってしまうからです。自分の「怒り」のパターンを崩すことが目的ですから、気負わず楽しんで取り組んでみてください。

4 新しいことに挑戦する

　「ありえない！」「常識的に考えてこれはおかしい！」と言って怒っている人はいませんか。こんな口癖がある人は、多様な価値観やさまざまな出来事が自分の価値観から外れていると怒るパターンがある、言い換えれば、物事を受け入れる幅が狭いのです。毎日、同じ業務をしているつもりでも、思わぬ出来事に遭遇するものです。怒りの耐性をつくるのは、さまざまな出来事に対して許容範囲を広げるということです。

　いつも同じようにやっていることを、少しだけ変えて、新しいことを取り入れてみてください。電車通勤のとき、いつもと違う車輌に乗ってみる、一駅歩いてみる、いつもと違う道を歩いてみる。そうすると、いつもと違う景色が見えて、新しい発見があるのではないでしょうか。

　新しいことに挑戦するときの、ワクワク・ドキドキする感覚を味わってみてください。よい刺激を受けて、前向きな思考になることができるでしょう。毎日のなかで出来上がっているパターンを崩して、新しい自分を発見してみてください。

5 楽しいことに注目する

最近、「楽しい」「うれしい」「幸せ」と感じたのはどんなときですか。また、「不快だ」「不満だ」「嫌だ」と感じたことはどうでしょうか。イライラしやすい人は、つい不満に意識が向きがちです。反対に、感情のコントロールができる人は「快」の感覚を上手にとらえられるようです。

仕事をしていて不満に感じることは、非効率的な業務のシステムや理不尽な指示命令など、職場で改善すべき課題かもしれません。もちろん改善に向けて建設的に動く必要がありますが、すぐに解決可能なものばかりではないのが現実です。不満がなくなることを期待するよりも、「快」の感覚を大きくするように意識することで、イライラする状況から抜け出しやすくなります。

日常のなかで心地よい感覚を感じ取ってみてください。そして、「楽しい」「うれしい」と感じた出来事をたくさん書き出してみましょう。

コラム 人から「怒り」を ぶつけられたときの対処法

他人の「怒り」から自分を守る

　いきなり利用者に怒鳴られた、たまたま通りかかったところを呼び止められて家族からクレームを受けた、不機嫌な上司に八つ当たりされた、同僚に注意したら逆ギレされた…。

　他人の怒りに触発されて、こちらにも怒りが湧き起こることがありますが、そこで応戦してしまうと相手の怒りをさらに助長させてしまうことになります。また、誰かに怒鳴られて自分が萎縮してしまったり、悪くないのに謝ったり、相手の怒りに振り回されてしまったりすることもあるのではないでしょうか。不機嫌やイライラが蔓延すると職場の雰囲気も悪くなり、仕事の効率も下がります。

　他人に怒りをぶつけられてしまうとき、「あいつの怒りを何とかして」と思っても、残念ながら他人を変えるのはとても難しいことです。誰かに怒りをぶつけられたとき、まずはその攻撃から自分を守りましょう。

自分の身を守る盾を持つ

　これはイメージトレーニングです。

　他人の怒りの攻撃から自分を守るために、盾を持って攻撃をかわす姿を想像してみてください。怒りの砲弾が飛んできます。あなたは盾を持って、その攻撃をかわします。怒っている相手から怒りの攻撃を受けても、その盾にはね返されていくのです。

　飛んできた怒りをキャッチして、感情に任せて投げ返したりしてはいけません。売り言葉に買い言葉で不要な発言をしてしまうのは自分を守ることにはなりません。

ぐっとお腹に力を入れて、自分の周りに透明なバリアを張るようなイメージを描いてみるのもよいでしょう。

相手の怒りから自分を守ることができれば、怖がって萎縮してしまうこともなく、また、相手の怒りに影響されて自分が感情的になることもなく、落ち着いて対応できるようになります。

相手の怒りのパターンをじっくり観察する

相手の怒りのパターンをつかめば対策を講じることができます。

あなたによく怒りをぶつけてくる人がいたら、その人をよく観察してみましょう。どんな状況のときに怒るのか、時間や場所、行動や表情の変化など、観察して分析します。

例えば、上司を観察して、「朝は機嫌が悪い」「会議がある日はピリピリしている」など、パターンがみえたら、その時間は近づかないとか、勤務希望は午後に交渉しようとか、こちらの対応も考えられます。この話題は怒りのスイッチが入るとわかったら、それを避ければよいのです。

利用者を観察してみたら、何か新たな気づきがあるかもしれません。「お昼前や空腹のときは要注意」「歩き回るときは何か探し物を始めるとき」「利用者さん同士で衝突しやすい相手がいる」などなど。

観察しているうちに、「この人が怒ったらあの人が緩衝役」「この話題で機嫌がよくなる」「この人に声をかけるときは右斜め45度からがいいらしい」など対応のパターンもみえてくるかもしれません。

参考：安藤俊介『この怒り何とかして!! と思ったら読む本』リベラル社、2015年

第4章

怒りと向き合おう

怒りの引き金を探る

　「朝から髪型がキマらない」、職場では「利用者の言動にイライラ」「スタッフと意見が合わない」「忙しいのに電話がかかってきた」「使った備品を机の上に出しっぱなし」「床にゴミが落ちている」「休憩中の同僚の愚痴や自慢話にうんざり」…。ほんの些細なことから重大なことまで怒りの感情はさまざまな引き金で湧き上がってきます。

　同じ状況にあっても、イライラする人もいれば、さほど気にならない人もいます。朝から寝ぐせがついていても全然気にならない人もいます。もっとも、人に接する仕事では最低限の身だしなみは必要ですから、気にならないのがよいというわけではありません。また、利用者が何度も同じことを聞いてきて、自分はイライラが募っているのに同僚は穏やかに対応しているということもあるでしょう。

　人によって、物事の受け止め方が異なったり、感情が揺さぶられたりするのはなぜなのでしょう。

1 怒りの正体はコアビリーフ

　怒りは、誰かに何かされたとか、言われたとか、何かの出来事といったことではなく、実は自分のなかに引き金があります。自分にとって正しいと思っていること、心地よいこと、期待していること、すなわち自分の価値観と違う現実に対峙したときの感情なのです。この価値観をコアビリーフといい、これが私たちを怒らせるものの正体です。

　コアビリーフとは、普段の生活のなかではあまり意識することがないかもしれませんが、自分が大事にしている価値観、信条、理想、他者への期待などです。これは「～するべき」「普通は～」「常識的に考えれば～」「当然～」という言葉に置き換えることができます。

　イライラしたときに「普通はこういうことをしないでしょ？」「確認するのが当然じゃない？」「常識的に考えたらわかるでしょ？」「予定が変わったらすぐに連絡するのが当たり前」などと言いたくなることはありませんか。この「普通は」「当然」「常識」「当たり前」、あるいは「～のはず」というのが、あなたのコアビリーフなのです。

怒りと向き合おう

入浴するとき、どこから洗う？

鈴木さん:介護の仕事をするようになってから、自分が介護される立場になったら、どんな感じなのかと考えることがあるのです。
例えば、皆さんはお風呂に入ったときに、どこから洗いますか？

トモコ:え？ 考えたことない。

マイ:私は、最初に洗髪して、シャンプーの後にコンディショナーをつけながら身体を洗って、それから洗顔。

健太:僕は足から。だいたい左足。

トモコ:そう言われてみれば、私は右腕からスタートかな。

鈴木さん:
私は顔から洗います。皆さん違いますね。今度、お風呂に入るときに違う順番にしてみてください。きっと違和感がありますよ。
私たちには、これまでの生活のなかで当たり前になって意識していないけど、自分のルールがたくさんあって、そのとおりにならないと違和感が生じるのです。それが大きければ、不快感になったり、怒りに発展したりするかもしれません。

マイ:
入浴介助するときに、どこから洗うかなんて深く考えたこと、ありませんでした。

トモコ:
2人で介助するときなんか、2か所同時進行で洗ったりしていたけど、自分が介助される立場だったら、耐えられないかも…。

健太:
相手にとっての当たり前や心地よい順序も一人ひとり違うっていうことですね。

鈴木さん:
これをこころのコップ(p.24)で考えてみたら、介護される人は、表現しきれない違和感や不快感がたくさん溜まっていく可能性があって、小さなことが積み重なってこころのコップが溢れてしまうこともあるかもしれないと思うのです。
それに、人それぞれに心地よい感覚が当たり前すぎて表現するのも難しいことがありますよね。

怒りと向き合おう

うわぁ、介護って、その人がこれまで培ってきた多様な生活様式をどれだけ尊重して心地よいケアを提供できるかっていうことが問われているのか。

入浴介助だけでなく、洗濯の頻度や衣類のたたみ方もそれぞれ違うし、食事介助にしても食べる順序とかいろいろな場面にいえるのかもね。

食事介助も、つい介助者のペースになってしまうけど、自分だったら汁物からとか、好きなものから食べるとか、好きなものは最後に食べたいとか、いろいろですよね。介助される利用者にとっては、自分の当たり前が思いどおりにならないことがたくさんあるのかもしれませんよね。

2 自分と他人の価値観の違い

　廊下で同僚とすれ違ったときに、こちらはあいさつしたのに、相手はそのまま通り過ぎて行ってしまったら、ムカッとするかもしれません。それは、「すれ違ったらあいさつするべき」「あいさつをしたら返してくれるはず」と思っているのに、違う現実が起きているからです。一方で、同じ状況でも「考え事でもしていたのかしら？」と思うぐらいで、気にならない人もいます。

　コアビリーフが強固でほかの考え方を受け入れられないと、イライラしやすくなります。自分の価値観や規範を見直し、他人との考え方の違いを認めることで、物事の許容範囲を広げることができます。

　「あいさつすべき」「職場は整理整頓が基本」「欠勤のときは電話で連絡するのが常識」…。自分にとっての「当たり前」やその程度をできるだけ具体的に書き出してみましょう。そして、同じようにほかの人の価値観も推察して書き出してみましょう。

鈴木さん：怒りが湧き起こる状況は、裏を返すと自分の価値観を見つめる機会になるのかもしれませんね。

健太：「先輩は、新人に優しく指導するべき」

トモコ：「わからないことは自分から質問するべき」

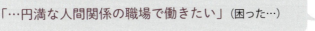
マイ：「…円満な人間関係の職場で働きたい」（困った…）

> **例えばこんなイライラ**

　最近のスタッフをみていると、社会人としての常識に欠けていると思うことがあります。仕事を休むときにメールで知らせてくるのです。体調が悪い日もあるでしょうし、休むのが悪いと言うつもりはありません。でも、メールというのは一方的でしょう。メールではこちらの聞きたいことも聞けないし、朝の忙しい時間帯にメールを読むとは限りません。もっとひどいのは、仲のよい同僚にSNSで伝言するなどということもあります。

　数年前までは、遅刻や休みの連絡は、職場へ電話を入れるのが当たり前でした。それが、今ではずいぶん状況が変わってきています。
　この管理者は、「欠勤の連絡は電話でするべき」と考えているようです。自分は「欠勤連絡がメールなんてあり得ない」と思っているので、相手の価値観がすぐには思い当たらないかもしれません。
　相手に確認してみるという方法もありますが、確認できない状況も多いと思いますので、とりあえず推察してみましょう。「あり得ない」という思いが「あり得るかも」「こんな思いだったのかも」と少し視点を変えるだけで、物事の許容範囲が広げられる場合があります。
　まず、自分の価値観を書き出します。「欠勤の連絡は電話でするべ

き」「始業時刻前に連絡するべき」などです。次に相手がどのような価値観をもっているのかを推察してみます。相手は「連絡は確実に文字で履歴が残る方法をとるべき」「忙しい始業前に電話対応で手を煩わせないように配慮すべき」と思っているかもしれません。

　もしかしたら、「社会人としてのマナーだ」「電話が筋だろう」という意見、あるいは「体調が悪いときに電話はナンセンス」という反論もあるかもしれません。しかし、自分にとっての常識がすべての人に共通しているとは限りませんし、業種が違えば全く異なる常識があるかもしれません。

　これは、上司か部下どちらかに問題があるのでなく、上司は職場のルールとして明示する、部下はあらかじめ連絡方法を確認しておくなど、トラブルを防ぐ方法を探る姿勢が大切です。考え方が異なるときに、自分の意見や行動の意図を明確にできれば、伝えることで歩み寄れるのではないでしょうか。

表　「べき」を書き出す

自分の「べき」	他人の「べき」
・欠勤の連絡は電話でするべき	・連絡は確実に文字で履歴が残る方法をとるべき
・始業時刻前に連絡するべき	・忙しい始業前に電話対応で手を煩わせないように配慮すべき

例えばこんなイライラ

　伊藤さん（80歳代・男性）は、特別養護老人ホームに入所しています。娘さんが面会に来ると、介護職から「最近、食事がすすみません。元気がなくて心配です」と言われました。そこで翌日、娘さんは伊藤さんの好きな和菓子屋のお団子を買ってきました。しかし、看護師に「伊藤さんは糖尿病なので、間食は禁止ですよ。甘いものを食べられないことはご存知でしょう。お持ち帰りください」と、注意されてしまいました。

　この状況について、娘さん、看護師、介護職それぞれの立場で、何を大事にしているのか、どのようなコアビリーフをもっているのか推察してみましょう。

①娘さんは…

　食事制限のことは知っていましたが、「施設の食事を摂れないので食事の代わりと考えれば食べさせてもらえるのでは」「厳密なカロリー制限をするよりも、好きなものを食べてもらいたい」との思いから父親の大好きなお団子を差し入れに持って行きました。「もしかしたら、看護師はお父さんの食欲がないことを知らないのでは」という不信感を抱いたかもしれません。

表　娘さんの思い

- 「食事制限があっても食事代わりの差し入れは許可してほしい」
- 「家族としてお父さんの好物を差し入れしたい」
- 「介護職と看護師の間でちゃんと情報共有していてほしい」

②看護師は…

　「食事制限があるのに差し入れを持ってくるなんて、どういうことかしら」「ご家族にあらためて指導をして、食事制限の協力を得なくては」あるいは、「糖尿病なのにお団子なんてあり得ない！」と思っていたかもしれません。

　また、食事量に変化があれば、介護職から報告されるはずだと思っていたとしたら、伊藤さんの最近の食事量や食欲低下を把握していなかった可能性もあります。

表　看護師の思い

- 「療養上の指示は守らなくてはならないもの」
- 「看護師として糖尿病の家族へ食事指導をしなくては」
- 「利用者の状態に変化があれば介護職から報告するべき」

③介護職は…

　「好物のお団子を食べてもらいたい」という思いと、「看護師に確認しなくては」という思いがあったようです。また、せっかく差し入れを持ってきてくれた娘さんが注意されてしまったことも気になっていました。

表　介護職の思い

- 「家族の気持ちに寄り添った介護を実践したい」
- 「医療のことは看護師の指示に従うしかない」
- 「看護師には家族の気持ちを聞いてほしい」

この出来事は、誰も怒りを表出させていません。それなのに、何となくモヤモヤした気持ちが残ってしまったのです。このようなちょっとした行き違いが、利用者や家族からのクレームにつながったり、スタッフ同士のチームワークを崩してしまったりする危険性があります。

　自分にはどんな思いがあったのかを意識してみると、自分と違う考えをもつ相手の思いも推察できるかもしれません。相手の大事にしている価値観に気づくことができれば、お互いに歩み寄り、よりよい解決の糸口が見つかるのではないでしょうか。

介護と看護の連携は介護現場の永遠の課題ですね。
マイ

トモコ
医療も福祉も行政も立場が違えば考え方も違うし、施設のなかでも、介護職だけでなく看護師やケアマネジャーや相談員、リハビリ部門など、専門性が異なる職種がチームで働くなかで、お互いに考え方の違いを認め合って、専門性を発揮できるようにすることが介護の質を向上させるために必要なのかもね。

トモコ：この施設では、利用者は高齢者でしょ。生活習慣や職業やいろんな影響を受けて、私たちの世代とは違った価値観があるような気がするの。
実はこの間、「スタッフの身だしなみが悪い」と投書があったらしいの。それで、課長が早急に改善しろというのよ。でも、こちらがユニフォームの汚れが目立つと思っても本人は気にしないこともあるし、「爪を短く切る」と言っても多少の差はあるし、女性の化粧やアクセサリー、男性のひげの手入れ、どれも人によって価値観が違うでしょ。

健太：たしかに人によって気になるところは違いますよね。髪の色とか、結構年配のスタッフが明るめの色に染めていても白髪染めは身だしなみの範囲なのに、若者だと注意されますよね。

マイ：最近入職してきた小野さんは、私の感覚ではちょっと化粧が派手だと思うのです。見ていると、利用者から「安心して介助を任せられない」って言われていることもあるけど、意外にも「若くて明るい気分になるわ」なんて褒められていたりすることもあるんですよ。

トモコ：何とかしなくてはいけないけど、航空会社の客室乗務員や銀行員のように整えるのは難しいわよね。

マイ：そんなことないですよ。介護職だって身だしなみの意識を高くもつことは大事だと思います。

トモコ：そうね。スタッフの個性を尊重したい気持ちもあるけど、自分の感覚や利用者の反応から少しずつ改善していかないといけないのかな。
健太くんの寝ぐせ頭も何とかしてもらわないとね。

マイ：え？　私は健太くんが寝ぐせ頭で出勤しているところは見たことないですよ。

健太：え〜〜〜〜〜〜〜〜？　僕この髪型に毎朝30分かけているんですよ。

トモコ：え？　そのボサボサに30分もかけているの？
てっきり寝起きのまま出勤しているのかと思っていたよ。

マイ：私は結構、健太くんの髪型はおしゃれだと思っていましたけど。でも、たしかに利用者さんが、おしゃれと思うか、寝ぐせと思うかは、微妙なところですね。

健太：が〜ん。僕、明日から髪型変えます。

トモコ：今まで何の疑いもなく当たり前だと思っていたことが、実はほかの人と違っているということがあるのね。

マイ

私の最近のイライラは、八重さんのことなんだけど…。筋力が低下して歩行が不安定だからトイレに行くときにはスタッフを呼ぶように繰り返し注意しているのに、ちょっと目を離した隙に歩いているの。あわてて声をかけてトイレに連れて行っても、出ないときもあって、忙しいときに何度もトイレに行くし、トイレのときはスタッフを呼ぶようにという注意を守ってくれないのもイライラするんです。

八重さんは、そんなにトイレばかりでもないですよ。そうですよね、健太くん？

鈴木さん

怒りと向き合おう

097

> 八重さんは、最近、足腰が弱くなってきたことを気にしているんですよ。だから運動のために、ときどき歩きたいと思っているみたいなんです。 健太

 マイ
> 八重さんは、ずいぶんトイレの回数が多いと思っていたけど、「歩いているときはトイレに行こうとしている」という私の思い込みだったのかも。

> ちょっと歩きたいときもあるし、部屋に戻りたいときもあるし、お茶を淹れに行きたいときもあるし、窓の外の景色を眺めたいときだってありますよね。 鈴木さん

> 八重さんは歩行が不安定だとわかっていたんだね。私たちは「トイレに行くときはスタッフを呼んで」と説明していたから、トイレじゃないときは呼ばなかったというだけなのかな。 トモコ

 マイ
> 八重さんのことを「頻尿で注意を聞かない人」って決めつけちゃって、申し訳なかったな。
> 反省！
> それにしても、健太くんもなかなかやるな。

3 怒りが厄介なわけ

普段の生活のなかで、怒りのもととなっている自分のコアビリーフ（価値観）を意識することは少なく、わからないからこそ扱いが厄介です。

❶すべての人には一致しない

人には、自分にとっての「当たり前」（コアビリーフ）がたくさんあります。それは、その人の経験や育ってきた環境のなかで培われてきたもので、不正解はありません。ただし、自分にとっての「当たり前」がほかの人にとってはそうでない場合もあります。自分にとっては「当たり前」なので、意識することが少ないのですが、万人にとっての正解ではないということです。

例えば、入浴を嫌がる利用者がいたとします。あるスタッフは、「嫌がっているなら今日は無理矢理入浴しなくてもよいのではないか」と強くは勧めません。「本人の意思を尊重すべき」と思っているからです。また別のスタッフは、「何日も入浴しないと清潔を保てず、周囲にも影響するので、なんとか入ってもらいたい」と時間をかけて説得するかもしれません。「本人が納得できるように説明すべき」と思っているからです。さらに別のスタッフは、「はじめは嫌がっても湯船につかれば気持ちよくなって、機嫌もよくなるから」と、多少強めに誘導します。「これまでの利用者の反応を考慮して介護すべき」と思っているからです。

皆、これまでの知識や経験から正しいと思ってかかわっているので、ほかのスタッフのかかわりに賛同できない場合もあります。

怒りと向き合おう

❷程度の問題

　怒りを感じるスイッチが入るかどうかは、ほとんどが程度の問題です。一見、多くの人に一致しているような常識や価値観でも、その程度は人によって異なっていることがあります。

　例えば、多くの人が「時間を守るべき」と思っているでしょう。仕事の始業時に、余裕をもって１時間以上前に職場に到着している人もいます。更衣をすませ、受け持ちの利用者の情報を収集し、業務の準備を整えて始業時刻をむかえる人もいるでしょう。その一方で、始業時刻ギリギリでも、間に合えばよいと思っている人もいるかもしれません。

　始業時刻を守るのは職場や社会のルールですし、多くの人が了解できると思いますが、実際の出勤時刻は人によって異なっているのです。

　また、どの職場でも「共有スペースは整理整頓するべき」というのは共通の理解だと思います。しかし、もっと細かくみてみると、整理整頓の程度は人によって違うのです。いつもきっちりと備品が並んでいないと気がすまない、出したらもとの位置に戻す、机や作業台に汚れがついているのも許せない、という人もいるかもしれません。

　一方で、勤務が終わるときに片づいていればよい、緊急のときには出しっぱなしにすることもあるし後から片づけるつもり、という人もいるかもしれません。あるいは、口では「整理整頓」と言いながら、実際には散らかっていても全然気にならない人もいます。急いでいるときに「片づけて」と言われたらイラッとしてしまうかもしれません。

❸組織や時代によって変わる

　国によって文化が異なるように、それぞれの組織には暗黙のルールや常識があります。また時代によって変わるものもあります。

　転職や人事異動で新しい組織に入ると、その組織の独自のルールに戸惑うことがあると思います。介助の方法一つをとっても、学校で教わったことが現場では違っていたり、前の職場では「当たり前」だったやり方を注意されたりすることがあります。はじめのうちは戸惑っても、そのうちにその組織のルールに馴染んできて、自分にとっての「当たり前」が書き換えられていきます。

　また、身体拘束について、以前なら安全を優先するために行っていたとしても、「身体拘束ゼロ作戦」が浸透してきた今日では、身体拘束をしないケアが当たり前という施設も増え、同じ状況でも考え方が変化しています。

　私たちは日々、新しい情報を得て、さまざまな人の考え方に刺激を受けながら過ごしています。知らず知らずのうちに、自分のコアビリーフも変化しています。もしかしたら、スタッフ同士で意見が対立したときに、「この前と言っていることが違う！」と、相手に怒りを感じることもあるかもしれませんが、相手の考え方も変わっていきますし、誰にでも考えを変える権利があります。自分も相手も変化していると、意識しにくいのも厄介な点です。

怒ることと怒らないことを分ける

いつもイライラしてしまう…。日常的に声を荒げたり、不満を言ったりして、些細なことにいちいち怒ってしまう人は、きっと怒る必要のないことにも怒っていて、時間やエネルギーの無駄遣いになっています。不要な怒りに振り回されないように、「怒ること」と「怒らないこと」の仕分けを考えてみましょう。

自分のコアビリーフを意識してみると、怒りのパターンを知ることができます。

図をご覧ください。三つのマルがあります。これは思考の枠組みを模式的に示した概念図です。出来事や相手の反応・行動などが、自分の価値観と一致している状態を、中央の一番小さなマルとします。つまり、自分にとって心地よく、怒りを感じない状態です。一回り外のマルは、自分の価値観とは少し違っているけれど許容範囲内、そして一番外側は、自分とは違う許容できない状態です。

図　価値観の境界線

©日本アンガーマネジメント協会

1 境界線を明確にしよう

　私たちは日々、多様な価値観をもつ人々と交わりながら生活しています。自分にとって「あり得ない」と思う出来事でも、相手には異なる価値観があるかもしれません。イラッとしたときに、少しだけ違う視点でその出来事を考えてみましょう。

　自分の価値観は、普段から当たり前になっていて意識することがないと思いますが、自分の価値観に向き合うことで、自分でも気づかなかった新たな自分に気づくことになるかもしれません。イラッとしたときがチャンスです。

　怒りのもとは、自分が大事にしている価値観や考えですから簡単には変えられませんし、無理に変える必要もありません。しかし、この境界線が曖昧なことが多いのです。基準が定まらないと、怒るほどのこともないような出来事に怒ったり、許容できない状況なのに何も言わなかったりと、自分の怒りの感情にうまく対処できないということが生じます。

　まず、自分の価値観とは違うけれど怒るほどのこともない、あるいは、これは許せないというように、自分の価値観について曖昧な境界線を明確にしましょう。そして、そのときどきの状況で、境界線が大きくなったり小さくなったりしないよう、境界線を安定させることが大切です。

怒りと向き合おう

103

2 許容範囲を 広げよう

　自分にとっての「こうあるべき」という考えが強固で、ほかの価値観を受け入れられないと、イライラしやすく自分を苦しめることがあります。できれば、p.102の図の2番目のマル、すなわち自分の考えとは少し違っているけれど怒るほどでもないという許容範囲の部分を広げていくと、小さなことにイライラせずに過ごせるようになります。

　自分の価値観とほかの人の価値観を知り、ほかの人の考えを認めることで、日常のなかで起こるさまざまな出来事に対して許容範囲を広げることができます。

　自分の価値観と異なる現実に直面したときに、「あり得ない！」と言うのを「そんなことがあるのね」と言い換えてみてください。自分の価値観を変えなくてもよいのですが、相手の価値観を全否定するのでなく、その人がどんな考えなのかを知るきっかけにしてみてはどうでしょう。

　許容範囲の境界線をどこに引くかは自分次第です。割り込みの仕事にイライラするのも、仕事は段取りどおりにいかないものと受け入れてしまえば、多少の割り込みは想定内になります。どうしても残業できない日は、先にほかのスタッフに伝えて、協力してもらうことも一つの手です。

トイレに入って、トイレットペーパーを使い切って芯だけになっているとイラッとします。使い切った人が新しいペーパーをセットするのがマナーでしょう。

次の人への配慮に欠けています。

　職場に限らず、観光地でも駅でも、家庭でも、どこかで一度は経験があるのではないでしょうか。

　比較的多くの人が「トイレットペーパーを使い切ったら新しいペーパーをセットするべき」と考えているようです。それなのに、どうして芯だけになっている場面に遭遇するのでしょうか。

　ペーパーを替えない側には「面倒だから」「替え方がわからない」というだけでなく、「ペーパーの補充は清掃業者がするべき」「用を足した不潔な手で新しいペーパーに触れるべきではない」という考えもあるようです。

　これが排泄介助の場面であれば、感じ方が異なるという人もいるでしょう。「施設の利用者だったらイライラしない」「介助の際にどうしても手が離せない状況だったのかも」などと思うかもしれません。

ペーパーのホルダーが芯だけになっている状況を見て、イラッとするのは最後に使った誰かに対する「怒り」かもしれませんが、この状況で困るのは「ペーパーがない」ということではないでしょうか。「予備のペーパーがあれば大した問題ではない」「気づいた人が替えればよい」「他人はさておき自分が最後だったら取り替える」と、それほど「怒り」を感じない人もいるのです。

　わからない「誰か」の行動を変えさせることは難しく、こちらもストレスが溜まります。そこで、自分の価値観の許容範囲を広げてみましょう。p.102の三重丸の図の③「許せない」から、②「少し違うが許せる」と思えるところを探ってみます。自分の価値観を少しだけゆるく書き換えることで、イライラから解放されるかもしれません。

表　価値観を書き換える

出来事	トイレットペーパーが芯だけになっている
はじめに思ったこと	最後に使った人が新しいものに交換するべき
ゆるく書き換える	・予備のトイレットペーパーは置いておくべき ・気づいた人が交換すればよい ・自分が最後だったら交換しよう

判断基準をつくろう

　仕事や日常生活において、「怒ること」と「怒らないこと」の判断基準は、曖昧なことが多く、似たような出来事でも対応が異なったり、怒る必要がないときに怒って無駄にエネルギーを消耗したりしてしまうのです。ですから、その曖昧な部分を明確にしておくことが大切です。イラッとしたとき、怒りを感じたとき、それは自分にとって「怒ること」か「怒らなくてもよいこと」なのかを考えてみましょう。許容できる範囲が明確になれば、余計なことに怒って無駄なエネルギーを使うことを回避できます。

　自分にとって、「ここまでは許容範囲」、そして「ここからは許せない」という境界線が明確になったら、それを周囲の人に伝えましょう。また、あらかじめ予測できるときには、先回りして自分の許容範囲を周囲の人に伝えておくこともできるでしょう。

　「怒ること」と「怒らないこと」を仕分ける判断のポイントは、①重要かどうか、②自分でコントロールできるかどうか、この二つです。

　怒りに点数をつけることも仕分ける基準になります。イラッとしても「怒り」の点数が低いとき、例えば、3点以下ならやり過ごすと決めてしまうのです。そのときは多少モヤモヤした気持ちが残っても、小さなことにイライラし続けるよりも、「まあいいか」と受け流して気持ちを切り替えてしまう方が仕事の効率も上がります。

　例えば「仕事をするうえで重要か」「利用者に不利益があるか」などが判断基準の視点としてあげられるでしょう。

怒りと向き合おう

マイ：あの課長は、なんであんなに嫌味なの！（怒）

トモコ：何があったの？

マイ：さっきの食事介助のときに課長が食堂を通りかかって、「介助者も座って介助しないと利用者さんが落ち着いて食べられないだろ」って言われたんです。

私だってそんなこと十分わかっています。でも、介助が必要な利用者さんは増えているのに、スタッフは少ないし、時間もないなかでのんびりしていたら下膳の時間に間に合わないじゃないですか。

あの課長は、現場のことをやっぱり理解していないんですよ。

トモコ

まぁまぁ、落ち着いて。なるほど状況はわかったわ。
食事介助について、ちょっとやり方を検討してみましょうか。

マイ

トモコさんまで、どうしちゃったんですか？ あの課長ですよ？ トモコさん、課長のこと嫌いじゃないですか。

トモコ

あの課長は嫌い。(キッパリ)
でも、アンガーマネジメントを学ぶなかで、気づいたことがあるの。
「坊主憎けりゃ袈裟まで憎い」ということわざがあるように、私は課長のことが嫌いだし、課長が言うことすべてに反発していたのだけど、「私が怒ることの判断基準は何だろうか」って考えてみたときに、仕事のうえでは、「利用者さんのためになるかどうか」が大事かなって思うようになったの。
課長が嫌味な言い方をするのは私もムカつくけど、「食事介助のときに、介助者が座っているほうが、利用者さんが落ち着いて食べられる」という意見には納得できる。

鈴木さん

マイさんも座って食事介助するほうがよいと思っているのですよね。それなのに怒ったのは、どうしてなのでしょう。

マイ

う〜ん…。食事の時間帯って、スタッフも総出で、とにかく忙しいじゃないですか。本当は座って落ち着いて介助したいのですが、皆が忙しそうなのに私だけ座って介助したらサボっているみたいに見えるんじゃないかって。利用者さんには申し訳ないけど、もしかしたらほかのスタッフの目が気になっていたのかも。課長に利用者が落ち着いて食べられないって言われたのが図星だったから、グサッと胸に突き刺さった感じがして…。

それ、逆ギレっていうやつですね。

健太

マイ
が〜ん。

僕はいつも座って介助していますけど、利用者さんとお話できるし、別にそれで介助の時間が遅くなるようなこともないですよ。

健太

健太くんの場合は、もともと1人の介助に時間がかかりすぎだから、あと1人多く介助してくれるとありがたいけどね。
それはそうと、スタッフが忙しそうにしていたら、利用者さんにとってもよい食事環境とはいえないし、スタッフみんなで座って介助することを試してみましょうか。

トモコ

自分の言動は自分で決める

　私たちは天気をコントロールできないことがわかっています。天気予報を見て、「明日は寒くなりそうだから、しっかり防寒して出勤しよう」という対処行動をとるように、想定される状況に先回りして対処することで、自分でコントロールできることがあります。

　人も同じで、他人をコントロールすることはできません。ところが、人に対しては、相手をコントロールできないと思えないときがあるのです。「前に伝えたのだからできるはず」「注意すれば行動を変えてくれるはず」と思ってしまうからです。でも実際には、その人が培ってきた価値観を変えるのは容易ではありません。相手を変えることは難しいのです。もちろん、人と人との相互作用で、自分が対応を変えることで相手の反応が変わることはあります。ここでは、その前に相手を変えることを求めすぎないで、自分の言動を変えることで対処できることを探ってみましょう。

怒りと向き合おう

1 自分にできることを しよう

❶休憩中に同僚の愚痴や自慢話にうんざり

　同僚の愚痴や自慢話を聞くのは、怒るほどでもないけれど、嫌な気分になってしまいます。我慢して同僚の話を聞くしかないと思っているなら、それは思い込みです。自分にできる対処行動を探してみましょう。例えば、メールをチェックしたり、音楽を聴いたり、休憩室から出て気分転換したり、話を聞かないための方法は自分で決めることができます。

　また、話の内容が同僚の自慢話でなく、利用者の笑い話・悪口だという状況に「許せない」と思えば、あえて怒るという選択もあるのです。

❷1人で歩かないでと言っているのに勝手に歩く利用者にイライラ

　利用者の認知機能が低下してきたと頭では理解しているのに、一方で、説明したとおりに約束を守ってくれるはずと相手に期待してしまう…。「利用者はスタッフの指示を守るべき」という考えに縛られているのかもしれません。

　1人で歩いてしまう利用者が特別に困った人かというと、何でも自分の指示に従ってくれる人のほうが少ないのではないでしょうか。行動をよく観察してみたら、トイレに行こうとしている、コップが空になったらお茶を淹れに行こうとするなど、歩く理由やタイミングがみえてくるかもしれません。それなら、その時間に合わせてこちらから声をかけて誘導すればよいわけです。

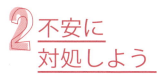

2 不安に対処しよう

　不安が強いとイライラしやすくなります。自分の感情とうまく付き合っていくために、不安に対処できるようにしていきましょう。

　物事に取り組むとき、うまくいかない場面より、うまくいった場面を思い描くほうがやる気が出ます。でも、それだけでは、うまくいかない場面が現実になったときに対処できません。最悪な状況も想定して先回りし、そして余計な不安は仕分けして対処しましょう。

　例えば、終末期の利用者がいて、「自分が勤務しているときに容体が悪化したらどうしよう」という不安は、どの枠に入るでしょうか。重要なことですが、利用者の容体がいつ悪化するかはコントロールできません。

　でも、不安を少し掘り下げると、「容体が悪化する」という不安より「容体が悪化したときにどうしたらよいのかわからない」という不安があるのかもしれません。自分が対応することはコントロールできます。どのような状況になったら家族へ連絡するのかを決めておく、予測される必要物品を揃えておく、自分で対処できないときには、誰に助けを求めたらよいのか事前に確認しておくなど、自分がやることが明確になるだけでも不安は軽減できるでしょう。

表　不安の仕分け

	コントロールできる	コントロールできない
重要	利用者の容体が悪化したときの自分の対応	利用者の容体が悪化すること
重要でない		

怒りと向き合おう

鈴木さん:マイさんはずいぶん早く出勤しているんですね。

マイ:介護福祉士の筆記試験が迫っているので焦っているんです。でも、家ではダラダラしてしまうので、1時間早く出勤して勉強しようと思って。

鈴木さん:いよいよですね。

マイ:でも、仕事も忙しいし、思うように勉強もできていないので、自信がないんです。試験なんて久しぶりだし、緊張しちゃう。それに、試験当日に寝坊するんじゃないかとか、電車が遅れるんじゃないかとか、道に迷って会場までたどり着けないんじゃないかとか、悪いことばかりが頭を巡ってしまって、不安に襲われるんです。
こんな状況で仕事していると、利用者さんに八つ当たりしてしまいそうで悪循環です。

鈴木さん:仕事と勉強の両立による忙しさや試験が迫ってくる緊張・不安などは、イライラのもとになりますよね。この不安に上手に対処できると、残りの受験勉強を効率的に進められるかもしれませんよ。

❶さまざまな状況を想定する

　試験間近になると、さまざまな不安に襲われるかもしれません。「不合格だったらどうしよう」「試験当日に遅刻したらどうしよう」、あるいは「何だか不安」ということもあるでしょう。

　怒りの感情を仕分ける方法と同様に、①重要か否か、②自分でコントロールできるか否かという二つの視点で考えてみます。

　不安は漠然としたものですから、少しでも明瞭にすることで対処できる場合があります。まず、不安を書き出してみます。怒りへの対処として点数をつけて、重要でないものを仕分けするのと同様に、不安についても幅や重要度を意識してみましょう。また、それが自分でコントロールできることか否かで仕分けます。

　1年に1度の国家試験ですから、①は「重要」だと思います。では、②はどうでしょうか。試験を受けた後で結果に気を揉んでも合否をコントロールすることはできませんが、合格を目指して具体的に学習計画を立てるなど事前の行動はコントロールできます。そして「試験当日に遅刻したら」という不安も事前の準備でコントロールできることです。

　仕分けた不安の種類によって、対処の優先順位を決めます。

表　対処の優先順位

	コントロールできる	コントロールできない
重要	積極的に不安解消に取り組む	その事実を受け入れ深く考えない
重要でない	余裕があるときにゆっくり取り組む	放っておいてもよい

怒りと向き合おう

❷「最悪」の状況も想定する

　不安への対処として、成功場面をイメージする方法があります。国家試験に合格して「ヤッター！」とガッツポーズしている自分をイメージしてみてください。成功場面を具体的にイメージすることで、気持ちが高まり、現実に引き寄せてくれる効果も期待できます。

　その一方で、最悪の状況を想定しておくことも大切です。介護福祉士の国家試験は、ここ数年60％前後の合格率で推移していますから、合格できない受験者が一定数いることも現実です。

　うまくいかない場面について考えることを避けていると、それが現実になったときに、対処できません。頭が真っ白になったり、逆ギレしたりして、冷静な行動がとれなくなることもあります。残念な結果になった場合の職場への報告などを確認して、備えておくのです。

❸できることを準備する

　現実を受け入れることは、試験を受ける前から「私なんかダメだ」「きっと報われない」などとマイナス思考に陥ることではありません。計画的にコツコツ勉強するなり、直前まで詰め込むなり、合格を目指してできることをするだけです。

　また、「試験当日に遅刻したら」という不安について、可能性が低くてもさまざまな事態が想定されます。試験会場が行き慣れない場所だったら、迷ってしまうかもしれません。時間に余裕をもって家を出ても電車の遅延や運転見合わせということもあり得ます。

　国家試験だけでなく重要な用事で出かけるときは、複数の交通機関でのルートを調べておきましょう。最短ルートのほかに、別の鉄道会社で行く方法、電車がダメならバスで、あるいはタクシーを利用することになるかもしれません。ICカードが使えないときのために現金を準備しておくことも必要です。

　想定されることについては、先回りして対処するのです。

マイ
なるほど。落ちたときのことは、試験の後に考えることにして、今は「重要でない」に仕分け。試験会場までの交通手段を調べることはできるから、早速取り掛かります。
学習計画の見直しはコントロールできる…。

 鈴木さん
そういえば、これ課長からマイさんに渡すようにと預かっていました。この付箋のついたページを読んでおくようにとの伝言です。

 マイ
え〜。仕事と勉強でパンクしそうなのに、これ以上無理です。
課長はやっぱり鬼だ！

 鈴木さん
この雑誌、受験対策の解説がわかりやすくて、役に立つと思いますよ。課長もマイさんのことを応援しているんですよ。

怒りと向き合おう

コラム 過去と他人は変えられない

　私たちは自分の力では変えられないとわかっていることに対しては、何とか自分のできることで対処しようとします。例えば、自然災害や停電や断水が起きたら、力を合わせて安全を確保したり、懐中電灯を出したり、水を溜めたりします。
　ところが、身近なことや人相手だと不満や怒りを感じやすくなります。もしかすると、特定のスタッフにいつもイライラさせられると感じている人がいるかもしれません。人に対して「こうあってほしい」と期待して、現実とのギャップに苛立つのです。しかし、あれこれ期待しても他人を変えることはできません。

　「過去と他人は変えられないが、未来と自分は変えられる」

　これはカナダ出身の精神科医エリック・バーン（1910-1970）の言葉です。ここで大事なのは、他人は変えられなくても自分は変われるということです。人と人とのかかわりは相互作用で成り立っていますから、自分のかかわり方を変えると相手の反応も変わります。「自分はちゃんとやっている」「あの人が悪い」ということばかり考えていると、自分の行動を変える発想が浮かばないものです。批判や文句に時間を使うのでなく、「自分に何ができるのか」を考えましょう。

第5章 感情を上手に伝えよう

伝えるための基礎知識

　アンガーマネジメントは、「怒ること」と「怒らないこと」を区別して、怒るときには適切に怒りを伝えるためのテクニックです。また、怒るとは、感情的に怒鳴ったり、罵声を浴びせたりすることではありません。感情的になると、怒っていることは伝わりますが、怒っている理由や改善してほしいことなど、本来伝えたいことが伝わりません。

　これまで、怒りの性質や怒りに振り回されないための対処法、そして怒りの引き金などを学んできました。ここからは、怒る必要があるときに、上手に伝える方法を紹介します。

　自分の価値観や規範から外れた状況に対峙したとき、冷静にその事実を伝え、修正してほしいことを伝える、それだけのことです。自分の感情を知り、冷静に建設的な思考や行動をとることで、スタッフ同士や利用者との間に円滑な人間関係が築かれ、自分と周囲の人がともに快適に過ごせます。自分が怒ると決めたなら、何に対して怒っているのか、何を改善したいのか、どう改善してほしいのかを明確にしてから、どのように伝えるかを考えましょう。

120

1 怒りに対する誤解

　怒りについて、さまざまな誤解があります。アンガーマネジメントを学ぶことで、怒らなくなると思っていたら、それは誤解です。怒りは自然な感情の一つですから、完全になくすことはできません。したがって怒ること自体は否定しません。しかし、怒りの感情を知ることで、不要な怒りを減らすことができます。

　怒るのは、未熟なことだと思っていたら、それも誤解です。怒ってばかりでは困りますが、怒らなくてはならないことも、ときにはあります。必要なときに上手に怒るテクニックを身につけましょう。

　ここで、「怒る」と「叱る」の違いを考えてみましょう。仕事で、「怒れない」「叱れない」「注意できない」「指導できない」といった悩みを抱える人が増えているようです。怒ることと叱ることは違うという人もいるでしょうし、似ていると感じている人もいるかもしれません。皆さんはどのように考えますか。

　『大辞林』（第三版）では、「怒る」は、「①腹を立てる、立腹する、いかる、②しかる」。「叱る」は、「①（目下の者に対して）相手のよくない言動をとがめて強い態度で責める、②怒る」とあります。

　「怒る」よりも「叱る」ほうがよいという意見もありますが、「怒る」ことを感情にまかせて怒鳴ったり攻撃したりすることと考えているなら、それは修正が必要です。また、「叱りつける」「叱り飛ばす」ことが相手の成長を促す効果的な方法とは限りません。

　ここでは「怒る」「叱る」「注意する」「指導する」などの言葉を明確に分けていません。自分の価値観と違うことが起こったときに、自分の感情を認めて、必要なときには相手に伝えるという一連の行動ととらえています。これらの言葉について違う意見もあるでしょうし、必要に応じて言い換えてもよいと思っています。

感情を上手に伝えよう

2 怒ったときの NGワード

　上手に怒るために、自分の感情に気づき、そして伝えることを練習しましょう。そこでまず、伝え方のNGワードを紹介します。

　皆さんには、怒ったときについ口をついて出てしまう言葉がありますか？　正確に覚えておくのは難しいかもしれませんが、人それぞれに口ぐせがあるものです。ときには、それが怒りを適切に伝える際の妨げになっていることもあります。したがって、怒るときの口調や声色だけでなく、言葉の使い方にも注意が必要です。

❶いつも・必ず・絶対

> ・「あなたは、注意散漫だからいつも同じ失敗を繰り返すのよ」
> ・「複数の業務が重なると必ず一つは忘れるよね」
> ・「あの人、忙しいふりをして絶対手伝ってくれないの」

　「いつも」「必ず」「絶対」という言葉が口ぐせになっている人は要注意です。これらは、一方的に相手を決めつけてしまうので、怒っているときには使わないほうがよいでしょう。言われた相手も「いつも失敗するわけじゃない」「忘れないときもある」と反論したくなり、素直に注意を聞き入れられないかもしれません。

　たまたま今回起こった出来事が、「いつも」起こるとは限りません。「何事にも例外がある」「違う場合もあるかもしれない」ということを念頭において、決めつけにならないように注意しましょう。また、「いつも」「必ず」とひとまとめにせず、今回の出来事だけに焦点をあてて話すように心がけましょう。

❷なんで？

- ・「この前も教えたのに、なんでできないの？」
- ・「昨日申し送りをしたのに、なんで伝わっていないの？」

　「なんで？」という言葉は、相手を責めてしまうことがあります。「なんで？」と聞かれても答えようがないと、とりあえず謝るか、言い訳するか、反論するか、不毛なやりとりになるだけです。

　しかし、介護の現場でミスや事故が起きたときは、その事実を振り返り、対策を講じ、安全性を高めていくことが求められます。出来事を振り返る際、理由を探り分析する作業は不可欠です。そのうえで、「なんでできないの？」を「どうしたらできるかな？」に言い換えてみてください。否定でなく、一緒に考えようとする姿勢が伝わると思います。

❸前から思っていたけど

- ・「前から思っていたけど、ちゃんとメモしないから忘れるのよ」
- ・そのうちにミスをすると前から思っていたけど、やっぱりね」

　怒ったときに、「前から思っていた」と過去を持ち出すのもNGです。話の論点が逸れて、本来伝えたいことが定まらなくなります。本当に前から思っていたとしたら、その都度、伝えなかったことで怒りが溜まって、今の出来事をきっかけに爆発してしまう危険性もあります。言われたほうも、「前から思っていたならその時に言って」と思うのではないでしょうか。その時の怒りに連動して何かを思い出したり、便乗して言いたくなったりしても、過去を持ち出すことは控えて、今の出来事だけをみるようにしましょう。

感情を上手に伝えよう

123

言い換えのヒント

❶「私メッセージ」を使う

　紹介したNGワードは、「あなたはいつも失敗する」「あなたはなんでできないの？」「あなたは〇〇ね」という、相手を主語にした伝え方です。それが、相手を決めつけてしまうことにつながります。改善策の一つに、「あなた」を主語にした言い方を、「私」を主語にした言葉に言い換える方法があります。これを「私メッセージ」「Ｉ（アイ）メッセージ」といいます。「（私は）ミスが繰り返されることが心配です」「（私は）伝達漏れがなくなるように改善策を考えたい」などのように、「私」を主語にして、気持ちや考えを伝えます。

❷共感の言葉を使う

　相手への共感を示して、そのうえで具体的な提案をするという方法もあります。形式どおりにいかなくても、「なるほどね」「たしかに」「そのとおり」「そうですね」など、一言添えるだけでも変わります。

❸リクエストに変える

　相手に改善して欲しいことは、具体的に提案しましょう。その際、命令するのでなく、相手にお願いする・リクエストするという言い方で伝えてみてはどうでしょうか。

　「全くもう、いい加減にして！」と言われても、何をどう改善したらよいのかわかりません。具体的で小さな行動変容を提案します。「メモを取るようにしてみてはどうかしら」や「やることを思い出せるように時間を決めてメモを確認するようにしてみたら」など、小さな行動をリクエストしてみましょう。

　言い方や伝え方は、練習すれば身につけることができます。いろいろ試して、コツをつかんでいきましょう。

4 日常の場面で練習しよう

　介護の現場では、年配者を敬う姿勢が求められます。多くの施設では、利用者に対して適切な言葉遣いで対応しているでしょうし、それらをテーマにした研修や教育を行っているところもあると思います。

　その一方で、介護職の言葉遣いの悪さや子ども扱いといった問題が指摘されることがあります。この背景には、利用者への親しみを込めて、家族や友人のように対応したいという思いもあるかもしれません。しかし、介護職が適切な言葉遣いで対応できないと接遇や介護の質の低下を招き、利用者や家族の怒りを引き出すことにもなりかねません。

　ある人は、利用者に対して乱暴な言葉を口にする人に対して、強い怒りを感じると言っていました。「言霊（ことだま）」という言葉があるように言葉には命が宿るといわれ、言葉に出したことは、そのような状況を導きます。正しい言葉は、正しい行いを導くと考えられますし、不適切な言葉遣いでは、相応の態度や対応になってしまいます。

　ここでは、相手を「不快にさせない」という視点で考えていきます。スタッフの言葉によって、利用者や家族を苛立たせてしまうこともあれば、怒りが小さなうちに気持ちを鎮められることもあります。

　対応時に一言添えることで、言いにくいことをスムーズに伝えられる、そんなフレーズがあります。これは、マジックフレーズやクッション言葉といわれます。お願いするときや依頼に応じられないときなど、一言添えると、相手に与える印象も和らぎます。利用者や家族との会話を例に、声に出して練習してみましょう。

感情を上手に伝えよう

場面1　受付での対応

　家族の面会時に面会簿に利用者の氏名や日時を記載するノートがあります。この場面で、「面会ですね。このノートに書いてください」と声をかけました。この場面で一言添える例を示します。

- 「○○さんのご面会ですね。**恐れ入りますが**、こちらの面会ノートにお名前をご記入いただけますか」
- 「毎度ご**面倒をおかけしますが**、面会ノートにご記入をお願いいたします」

　スタッフにとっては日常のことでも、家族にとっては施設へ訪問する玄関口ですから、施設全体の評価を左右します。笑顔であいさつする、顔を見て視線を合わせて応対するなど、ほんの少しの心配りでスタッフの印象がよくなると思います。

表　依頼するフレーズ

恐れ入ります	ご面倒をおかけします
ご不便をおかけします	お手数ですが
差し支えなければ	

場面2　スタッフの不在を伝える対応

「担当の山田さんは、いらっしゃいますか？」と家族が、受付のスタッフに声をかけています。この場面で「山田さんは、他の人の介助中なので、戻ってきたら伝えますね」と答えました。

- 「申し訳ございません。あいにく山田は、席を外しております。あと10分ほどかかりますが、戻りましたらお部屋にうかがうように申し伝えます」
- 「申し訳ございません。本日山田は、夜勤明けで不在です。よろしければ私がご用件をおうかがいいたします」

ここでは謝罪や具体的な時間なども伝えられると、家族も待ち時間の行動を決められます。スタッフがいるかと聞かれて、いませんと答えただけのことですが、家族がなぜ声をかけてきたのか、急ぎの用なのか、代わりに対応できる内容なのか、相手の状況を察しようとする姿勢があると、ここでの返答に添える一言も違ってくるでしょう。

表　謝罪・応じられないときのフレーズ

誠に申し訳ございません	申し上げにくいのですが
大変恐縮ではございますが	心苦しいのですが
あいにく……いたしかねます	
お役に立てず申し訳ありません	

感情を上手に伝えよう

場面3　利用者への依頼

　廊下の中央に立ち止っている利用者がいます。この場面で「キヨちゃん、そこ、どいて！　車いすが通れないでしょ。ぶつかるよ！」と声をかけました。お願いする言い方に変えてみましょう。

- 「恐れ入りますが通路をあけてください」
- 「廊下の端に寄っていただけますか。ご協力をお願いします」

　利用者とかかわる時間が長くなるなかで、言葉遣いが乱れてきた場合は、正すことがなかなか難しいものです。スタッフがかかわりの長い利用者を「ちゃん」付けで呼んでいたとしたら、ほかの会話もタメ口や子ども扱いになっている可能性があります。施設全体で取り組む必要がある課題でしょう。実際に話しているスタッフも利用者も、怒ったり、怒らせたりしていなくても、それを家族や周囲の人が聞いたら不快に感じるでしょう。

表　感謝を伝えるフレーズ

　助かります
　恐れ入ります
　ありがとうございます

2 感情を表現する

　人が怒るのは、自分が期待していることや価値観と異なる現実に対峙したときです。そんなときは、自分の気持ちを率直に伝え、改善してほしいことを具体的に提案します。そのとき怒りの背景にある感情を意識して表現しましょう。

トモコ：今日は、急なお休みのスタッフがいたから、キツかったぁ。

マイ：入浴介助も手間取ってしまうし、この頃、八重さんの容体が悪くて、いつ急変するかもわからないのに、さっき課長が来て研修の報告書を催促されたんですよ。

トモコ：この忙しい状況がわからないのかしらね！

マイ：私も言い返したいんですけど、いつもできなくて、イライラが溜まってしまうんです。

感情を上手に伝えよう

　トモコさんとマイさんが怒っています。さて、いったい何に怒っているのでしょうか。このとき、どう感じているのでしょうか。
　この場面のように、私たちは怒ったとき、出来事や事実だけを話していることがあります。たしかに、怒っているということは相手に伝わるかもしれませんが、誰かほかの人を主体として話して、自分の感情に向き合うことを避けてしまうのです。
　怒りを感じたら、その背後にある感情に目を向けてみてください。スタッフが少ないことで業務の負担が増えてしまった疲労感なのか、利用者がいつ急変するかもわからないという不安なのか、忙しい状況のなかで報告書を催促する上司への不満なのか…。頑張っている自分をもっと認めてほしいという思いもあるかもしれません。
　実際には、複数の要因が重なったところに、何かのきっかけで怒りが湧き起こることがあり、要因を一つに特定するのは難しいものです。でも、その出来事を自分がどう感じたのかという感情を添えて、さらに、どうしてほしかったのかという自分の希望を添えて話すことで、愚痴で終わらせずに相手にわかってもらえたり、助けられたりすることもあります。
　トモコさんとマイさんは、何を伝えたかったのでしょうか。

トモコ　私が言いたいのは、「今日はスタッフの人数が少なくて忙しかった」っていうこと。要するに「こんな人員配置のなかでも私たちはよく頑張っている」っていうことかな。

私は「人手が少ないのに入浴介助に手間取って疲れてしまった」っていうことと、「容体の悪い八重さんがいつ急変するかわからないので、忙しいなかでちゃんと対応できるか心配」っていうことです。そんなときに、課長からは研修の報告書を催促されて戸惑ってしまったんです。
マイ

トモコ　そうなの？　私は課長がこの忙しいのに空気が読めないのかって頭にきたのかと思ったよ。

感情を上手に伝えよう

1 表現のタイプ

　同じ出来事でも受け止め方はさまざまです。自分の感情がみえてきたら、それを伝える方法の一つとして、アサーティブコミュニケーションを活用してみましょう。これは、自分と相手をともに尊重した自己表現や感情表現を目指したコミュニケーションの手法です。アンガーマネジメントと同様、1970年代にアメリカで発展しました。

　感情の表現には、「攻撃的」「非主張的」「アサーティブ」というタイプがあります。

❶攻撃的

　自分の意見や考えをはっきりと言うことで、自己主張しているのですが、相手の言い分や気持ちを無視して、結果的に自分の意見を押しつける言動になってしまうことがあります。相手より優位に立とうとしたり、「勝ち負け」で物事を決めようとする傾向もあります。強引にことを進めても後味が悪く、後悔することもあります。

❷非主張的

　自分の気持ちや考えを言わないことは、一見相手を立てているようにみえますが、自分に自信がなく、不安が強く、卑屈な気持ちになっていることもあります。「言っても無駄」というあきらめもあります。このような体験が重なると欲求不満や怒りとなって溜まってしまいます。相手への恨みや、関係のない人への八つ当たり、意地悪として表現されることもあります。

　その場では、相手の意見を受け入れても、後から別の場所で悪口を言ったり、嫌味を言ったりして自分の意見を押し通してしまうような作為的なタイプもあります。遠回しに意地悪するような態度をとってしまうと、相手との信頼関係を築くことも難しくなります。

132

❸アサーティブ

　自分も相手も大切にした自己表現です。互いに率直に話をすれば、自分の意見に相手が同意しないこともありますし、相手の意見に自分が賛同できないこともあります。葛藤が起こっても、すぐに自分が折れて相手に譲ったり、相手を同意させようとしたりするのでなく双方にとって納得のいく結論を出そうとする姿勢があります。歩み寄りの精神があり、多少時間はかかっても話し合いのプロセスでより豊かな創意や工夫が生み出されます。

> 私はきっと攻撃的な表現をしていると思う。感情にまかせた勢いで相手を言い負かしてしまうこともあるし、でも後から言いすぎたと思って後悔することもあるなぁ。
> 　トモコ

> 私は非主張的なタイプだと思います。イラッとすることがあっても、本人に向かっては何も言えません。私にとっては、課長に言い返したりするとかあり得ないです。よいことも悪いことも。
> だから、休憩室に戻ったときに、怒りを爆発させちゃったりするんです。
> 　マイ

 鈴木さん　自己表現や伝え方は練習すれば、変えられるんですよ。

それなら、さっそく練習します。 トモコ

 鈴木さん　感情的に相手を攻撃してしまう人も、感情を抑え込んでしまう人も、実はどちらも練習の最初のステップは、自分の感情に気づいて、自分の感情を認めることです。そして、自分の感情を表現する練習をしていきましょう。

2 怒りの表現力をつける

　「怒り」を表現する言葉は、たくさんあります。「カチンとくる」「ヘソを曲げる」「むっとする」「かっとなる」「むしゃくしゃする」「堪忍袋の緒が切れる」「怒り狂う」「烈火のごとく」など表現によって程度にも幅があります。

　しかし、物事の大小にかかわらず「うざい」「ムカつく」など決まった一言で終わらせる人が増えていると感じます。表現が乏しく、感情の程度や強弱の感覚が鈍っていることが危惧されます。

　文化庁の「平成26年度国語に関する世論調査」によると、面倒臭いことや不快感や嫌悪感を表すときに「うざい」と言う割合は、16〜19歳では約8割、20歳代は5割、30歳代は4割、40歳代は3割でした。若い世代ほど「うざい」の一言で終わらせる傾向がありますが、「怒り」の表現がワンパターンに陥ってしまう点では、若い世代だけの問題ではないかもしれません。

　「怒り」を感じたとき、「ムカつく」「全くもう！」「いい加減にして！」など、とっさにつぶやく言葉がワンパターンになっていたら、「怒り」のレベルや内容、背後の感情に応じて表現のバリエーションを探してみましょう。

感情を上手に伝えよう

3 感情を抑制するリスク

マイ：健太くん、この頃イライラしていませんか。

トモコ：私も気になっていたのよ。もう何日もあの調子よ。ねぇ、健太くん、何かあったの？

健太：別に何もないですよ。じゃ、お先！

マイ：あの態度は何なんでしょうね！感じ悪い！

私たちは、日常のさまざまな場面で怒りを感じます。あまり怒らないという人も、実は怒りの感情に気づいていないだけという場合があります。また、怒りを自覚しても、それをうまく表現できない人もいます。怒りやその背後の感情を見ないようにしていると、感情に鈍感になって、いつの間にか自分のなかに溜まってしまいます。

　自分の感情を抑圧しながら働き続けることは、燃え尽き症候群（バーンアウト症候群）を引き起こす危険性があります。また、怒りの感情を適切に表現できないと、暴力や攻撃性として表出してしまうこともあり、これは虐待につながる危険性があります。

　心地よい感情も嫌な感情も含めて、自分の感情を認めること、そして感情を表現する語彙力をもつことが大切です。

鈴木さん

健太くんがいつもと違うみたいだから心配しているよ。
もしかしたら、先日、八重さんが亡くなったことがきっかけかな。

鈴木さん…。

健太

鈴木さん

辛いときや、苦しいときは、我慢しなくていいんだよ。

…僕、八重さんに、何もしてあげられなかったんです。寂しそうにしているのに、辛そうにしているのに、何もできなかった。こんな自分が情けなくて、悔しくて、こんな思いをするのなら、介護の仕事なんか選ぶんじゃなかった！　もう嫌だ！うわ〜ん。（号泣）

健太

感情を上手に伝えよう

鈴木さん:そうか、そうか。
そんなふうに思っていたんだね。

マイ:健太くんは、八重さんと仲がよかったから、辛かったんですね。

トモコ:もしかしたら、看取りの場面に立ち会うのがはじめてだったのかな。もう少し気にかけてフォローしてあげればよかったな。

3 伝え方の基本を身につける

　「叱る」「注意する」「指導する」のは、上司の仕事とは限りません。日常の業務のなかで、後輩や同僚に注意や指導をしなくてはならない場面はたくさんあります。上司や管理者に現状を報告して事態の改善を依頼する方法もあるでしょうし、利用者の安全上、そのときその場で怒らなくてはならないこともあるでしょう。

　ただし、自分と相手は大切にしていること（価値観）が異なり、ときには上司や管理者も自分とは異なる意見をもっているかもしれません。自分が怒ると決めたなら、何に対して怒っているのか、何を改善したいのかを明確にして、上手に伝えていきましょう。

感情を上手に伝えよう

139

例えばこんなイライラ

利用者を命令口調で怒鳴る同僚がいる。
この怒鳴り声が不快でならない！

例えばこんなイライラ

食事介助をしているときに「はい、あーん。よく食べられたね。えらいねー。」と、利用者を子ども扱いする同僚がいる。

1 何に怒っているのかを明らかにする

　介護の現場では、多様な価値観をもった人が働いています。よかれと思ってしたことが相手にとっては不快な場合もあるかもしれません。複数の人がかかわる仕事ですから、ときには同僚の介護のやり方や考え方に賛同できないこともあるでしょう。同じ状況に対して、皆が同じように感じるわけではありません。許せないと思う人がいる一方で、気にならない人もいるかもしれません。また、実際に子どもに対するような口調で対応をしているスタッフは、悪気のない利用者とのコミュニケーションだと思っているのではないでしょうか。

　この場面について、あなたはどのような感情をもちますか。

　利用者の尊厳や年配者への敬意を大事にしていたら、事例のような子ども扱いはもちろん、命令口調や怒鳴り声も不快に感じるでしょう。一方で、利用者に笑顔で接することや和やかな雰囲気を大事にしていたら、怒鳴り声は許せないけれど、食事介助の場面では、子ども扱いとは思わないかもしれません。あるいは、大きな声でわかりやすく指示することを心がけていたら、その人はどちらの事例も気にならないのに、ほかの人にとっては命令口調や子ども扱いと否定的に受け取られることがあるのです。

　また、これら二つの事例の怒りの背後にある感情は、同僚への「軽蔑」、注意しない上司への「不満」、問題提起できない自分への「自責の念」など、人によってさまざまでしょう。

感情を上手に伝えよう

141

2 伝えることを決める

　イラッとした場面はあなたの価値観を反映します。「あの言い方が不快」というだけでなく、「私は何を大事にしたいのか」と自分に問いかけてみてください。「利用者の尊厳を支える介護をしたい」「スタッフと利用者は人として対等な関係を守りたい」など、自分が大切にしたいことがみえてきます。それを伝えるのです。

図　私は何を大事にしたいのか

例えばこんなイライラ

　最近歩行が不安定な佐藤さんに散歩を勧めたいと考えている介護職の佐々木さん。ところが、先輩に相談しても「佐藤さんが転倒したらどうするつもり？」と、取り合ってもらえません。「転倒予防のためにも歩行訓練が必要だと思って提案したのに、話を聞いてくれてもいいじゃないか！」と佐々木さんは気持ちが収まりません。

　一緒に働いている先輩だからこそ、怒ることをためらう場合もあるでしょう。でも、それが自分にとって重要ならば、率直にそれを口にすると、よりよい結果が生まれる可能性もあります。

　判断に迷ったら、「今怒らないと、後から後悔するだろうか」と自分に問いかけてみましょう。後から怒りを我慢したことを後悔し、怒らなかった自分を責めて罪悪感を抱きそうだと思ったら、怒るという判断をすればよいのです。怒るといっても、相手を怒鳴りつけることではありません。自分の価値観と違う状況に対して、思いを伝え、相手に望む行動をリクエストしてみるのです。

　ここでのポイントは、佐藤さんの散歩を押し通すのが目的ではないということです。佐々木さんは、自分の提案について、先輩に話を聞いてほしかったのです。ですから、伝えることは「話し合いたい」というリクエストになります。

感情を上手に伝えよう

例えばこんなイライラ

　介護職の森さんが聡子さんの入浴介助をする場面です。聡子さんは認知症があり、入浴や脱衣になかなか応じてくれませんが、聡子さんのペースに合わせて声をかければ、自分でできることもあります。そんななか、同僚の井上さんに「聡子さんは認知症でわからないのだから、いつまでも待っていないで介助して。1人に時間をかけていたら時間内に予定の入浴介助が終わらないわよ」と言われました。聡子さん本人がいるところで、そんな言い方をしなくてもいいのに！

　感情が揺さぶられるときは、自分や相手の価値観を見つめる機会になります。この場面で森さんは、本人のペースに合わせて自力でできることは見守りたいと考えています。また、たしかに聡子さんは認知症がありますが、自分のことを「わからない人」だと言われたら傷つくでしょう。森さんは、本人の前での発言には配慮してほしいという思いももっていました。

　では、同僚の井上さんはどうでしょうか。全体の業務量をみて、予定している全員の入浴介助を時間内に終わらせるためには、聡子さんだけにかかりっきりになるわけにはいかないと考えていたのでしょう。時間どおりに業務を進めることを重視しているようです。

3 基本形を練習しよう

　森さんと同じように、「そんな言い方しなくてもいいのに！」と思っても、なかなか相手に言えない人もいるでしょう。一方で、カッとなった勢いで言ってしまい、後味の悪い思いをする人もいるかもしれません。

　そこで、伝える練習をするのです。伝え方の基本をDESC法という4つのステップで紹介します。これは、表のような順番になります。

表　DESC法

DESCのステップ	内容
D Describe（描写する）	出来事や状況、相手の行動を描写する。 客観的、具体的な特定の事柄、言動であって、相手の動機、意図、態度などではない。自分も相手もわかり、納得のいくことを述べる。
E Express（表現する） Explain（説明する） Empathize（共感する）	自分の気持ちを表現する。 状況や相手の行動に対する主観的気持ちを表現したり、説明したり、相手の気持ちに共感したりする。特定の事柄、言動に対する自分の感情や気持ちを建設的に、明確に、あまり感情的にならずに述べる。
S Specify（提案する）	何を改善してほしいのかを伝える。 相手に望む行動、妥協案、解決策などを提案する。具体的、現実的で、小さな行動の変容について、明確に提案を述べる。
C Choose（選択する）	選択を促す。折り合いをつける。 肯定的、否定的結果を考え、想像し、それに対してどういう行動をするか選択肢を示す。その選択肢は具体的、実行可能なもので、相手を脅かすものでないように注意する。

出典：平木典子『改訂版 アサーション・トレーニング──さわやかな〈自己表現〉のために──』pp.117～118、日本・精神技術研究所、2009年より作成

感情を上手に伝えよう

まず、D（Describe）として、出来事や状況、相手の行動を描写します。ここでは、相手の意図や態度などではなく、客観的な事実を述べます。次に、E（Express）として、自分の気持ちを表現します。ここでは相手への共感も示します。DとEをしっかり区別することがポイントです。

　そして、S（Specify）として、具体的で小さな行動変容を提案します。言いたいことがたくさんあっても、まずは一つだけ選んで伝えるようにします。

　最後に、C（Choose）は選択です。選ぶのは相手ですから「イエス」と「ノー」どちらの答えも予測しておく必要があります。

　こちらは相手を非難しているつもりがなくても、相手は否定されていると感じ、不快な気持ちになってしまうこともあります。言葉を慎重に選び、一方的な押し付けにならないよう、多少時間がかかっても歩み寄ろうとする姿勢を示すことが大切です。

　これを先ほどの事例に当てはめると、次のようになります。

D：たしかに聡子さんの入浴介助に時間がかかってしまいました。

E：私は、時間がかかっても聡子さんができることは見守りたいと思っています。本人がいる前でやり方を否定されたようで悲しい気持ちがしました。井上さんが業務量を考慮して時間配分を考えていることはわかります。

S：誘導に10分以上かかるような日は介助しますから、聡子さんが自分でできるときは多少時間がかかっても見守らせてほしいのです。

C：業務に支障がでないようにしたいと思いますので、少し時間をいただけませんか。

伝え方の基本形を押さえて、イラッとしたとき、相手に行動を変えてほしいときに、練習してみてください。何度も使って、自分のコミュニケーションのパターンに取り込んでいきましょう。

マイ：私、伝える練習をします。

鈴木さん：誰にどんな場面で伝える練習をするのですか？

マイ：健太くんのことです。私やほかのスタッフの仕事がまだ残っているのに手伝わないで、自分のことが終わったら、さっさと帰っちゃうんです。
介護の仕事もはじめてだし、慣れるまではと思って、今まで業務も少なめにして、できないところもフォローしてきましたけど、そろそろ仕事も慣れてきたし、周りのスタッフにも気を配ってくれてもいいんじゃないかなって思うんです。

感情を上手に伝えよう

トモコ: 私なら「自分のことが終わったら、あれとこれとやってきて！」って、言っちゃうかな。たぶん、健太くんは悪気もなくて、でも、チームで協力するっていうやり方をそもそも知らないのかもね。私も命令口調にならずに伝える方法を練習したい。

鈴木さん: その場面で、マイさんはどんな気持ちだったのですか？

マイ: 私も仕事が遅くなってしまって、業務を残してしまうと夜勤のスタッフにも迷惑をかけるし、焦ってしまって…。それでイラッとするんですけど、結局私が健太くんに「手伝って」と言えないから、言えない自分にもイラッとするっていう悪循環。

鈴木さん: まずは、その時の感情を伝えてみるところから練習してみましょう。健太くんは、頼られると張り切って手伝ってくれるかもしれませんよ。

仕事終わり〜。
健太

マイ
あ、あ、健太くん。実は、まだ洗濯室の片づけが終わっていなくて、夜勤の時間になってしまって迷惑かけるんじゃないかって、焦っているんだけど、私はまだ介護記録が残っていて、それでちょっと手伝ってもらえるとありがたいんだけど…。

いいですよ〜。じゃ、洗濯室を片づけてきま〜す。

健太

マイ
え？　あ、ありがと〜。

マイさんバッチリですよ。健太くんに伝わりましたね。

鈴木さん

マイ
はい。しかも、ちょっと拍子抜けです。あれこれ考えるより言えばよかったんですね。考えてみたら、私はこれまで率直に言えばいいことを言えないで、勝手にイライラしていたのかもしれません。

感情を上手に伝えよう

149

「介護福祉士国家試験」合格発表の日のこと…

トモコ: マイさん、介護福祉士の国家試験合格おめでとう！！

マイ: ありがとうございます。
合格発表までの数日は、仕事も手につかなくてドキドキしていました。

鈴木さん: よかったですね。おめでとうございます。

マイ: これからは、もっと仕事を頑張れそうです。
あ、課長～！
国家試験に合格しました。

課長: そうか。おめでとう。

マイ: 課長が応援してくださって、うれしかったです！
資料もいただいてありがとうございました。

課長: そ、そ、そうか。(照れ)

鈴木さん: マイさん、上手に感情を表現できるようになって、私もうれしいです。(こころの声)

課長：後に続いてもっと介護を勉強したいと思っている後輩がいるようだから、しっかり指導を頼むよ。

マイ：はい！　え？　もっと勉強したい後輩って？

健太：介護の仕事がおもしろくなってきたし、それに、この職場で働き続けたいから、もっと介護を勉強したいと思っているんです。

　トモコさんもマイさんも、怒りやイライラの感情を学び、自分の感情を表現する練習をして、だいぶ自分の感情と上手に付き合えるようになってきました。

　怒りやイライラが蔓延した職場も、スタッフ一人ひとりが変われば負の連鎖を断ち切ることができます。皆さんもイライラとうまく付き合えるようになって、生き生きと介護できる職場の輪を広げていきましょう。

感情を上手に伝えよう

参考文献

安藤俊介
『この怒り何とかして!!　と思ったら読む本』
リベラル社、2015年

有田秀穂
『基礎医学から　リズム運動がセロトニン神経系を活性化させる』
日本医事新報、4453、2009年

平木典子
『改訂版　アサーション・トレーニング―さわやかな＜自己表現＞のために―』
日本・精神技術研究所、2009年

戸田久実
『アンガーマネジメント　怒らない伝え方』
かんき出版、2015年

湯川進太郎編
『怒りの心理学―怒りとうまくつきあうための理論と方法』
有斐閣、2008年

●

『一般社団法人日本アンガーマネジメント協会テキスト』

厚生労働省
『e-ラーニングで学ぶ15分でわかるセルフケア』
　http://kokoro.mhlw.go.jp/selfcare/

おわりに

　不安や苦痛、さまざまなストレスを抱える高齢者は、ちょっとしたきっかけでイライラが爆発してしまうことがあります。そして、医療や介護の現場でお世話をしているスタッフが、暴力や暴言に傷ついてしまうのです。

　そこで今から10年前に病院勤めから大学の教員になったことを機に、医療安全の観点から暴力や暴言の問題に取り組むようになりました。調べていくうちに、病院の患者からの暴力や暴言だけでなく、スタッフ同士や上司とのやりとりに傷つき苦しんでいる人がいることがみえてきました。また、反対にスタッフが命令口調や高圧的な態度で利用者を萎縮させてしまう、あるいは、そのような態度のスタッフを注意できずに周囲のスタッフが苦しんでいるという場合もありました。ちょっと相談や頼みごとがあっても、不機嫌な表情で忙しそうにしていたら、声をかけ難いものです。それがミスやクレームにつながることもあるでしょう。

　スタッフが自分の怒りやイライラに上手に対処できるようになると、傷つく人を減らせるのではないかと思い至りました。あれこれ探して一般社団法人日本アンガーマネジメント協会に巡り会い、受講した研修は図らずもアンガーマネジメントファシリテーターの養成講座第1期でした。私はここで怒りについて、そして怒りとの付き合い方について、あらためて学び、活用のヒントを得たのです。

　私は、もともと怒りを反射的に爆発させるよりも、心に蓋をして自分の感情に気づかないようにしてやり過ごすタイプでした。ですから、自分の怒りの感情を何とかしたいなどと考えもしませんでした。しかし、実のところ私は怒っていなかったのではなく、怒っている自分を認められなかったことに気づきました。私の思考や行動のパターンは、この本に出てくるマイさんに似ているところがあります。今で

153

も、その場では何も言えず、後で愚痴をこぼすこともあります。自分の怒りのクセを知り、いつの間にか自分の感情を受け入れたうえで、気持ちを切り替えられるようになりました。

　本書は、中央法規出版の『おはよう21』2015年2月号から連載させていただいた「自分の感情と上手に向き合おう　アンガーマネジメントのすすめ」をもとにして、架空の介護施設を舞台に物語を構成しました。毎月の連載を担当し、細かい修正にも丁寧に対応してくださる郡啓一さん、本書出版に向けてアイデアを形にしてくださった仲真美智留さん、須貝牧子さんに心より感謝申し上げます。

　そして、物事のとらえ方に新たな視点を与えてくださる一般社団法人日本アンガーマネジメント協会代表理事の安藤俊介さん、私の思考を刺激してくださるファシリテーターの皆さん、いつもありがとうございます。

　さいごに、アンガーマネジメントで、すべてが解決できるわけではありません。イライラする原因が根本から解決することを期待しても、コントロールできないことがあるのも事実です。コントロールできないことを受け入れ、過剰な怒りやストレスに振り回されないようになることを目指します。そのなかで、解決志向で取り組む姿勢や思考を整理する力がついてきます。

　できることなら皆さんにとって、アンガーマネジメントが目新しいものでなく日常のことになって、イライラが蔓延した職場を生き生きと働ける職場に変えていただければうれしく思います。

　本書を手にとってくださりありがとうございます。

2016年7月　田辺有理子

著者紹介

田辺 有理子（たなべ ゆりこ）

横浜市立大学医学部看護学科講師。

北里大学大学院看護学研究科修士課程修了（看護学修士）。看護師として大学病院勤務を経て、2006年より大学教員として看護教育に携わり、2013年より現職。

看護師のストレスマネジメントのほか、医療現場の暴力・暴言の問題、看護倫理などにアンガーマネジメントを活用した研修を提供している。

看護師、保健師、精神保健福祉士、一般社団法人日本アンガーマネジメント協会シニアファシリテーター。

著書に、安藤俊介監修・一般社団法人日本アンガーマネジメント協会ファシリテーター共同執筆『ナースのイラッ!ムカッ!ブチッ!の解消法59例─ストレスからの「護心術」』日総研出版、2013年がある。なお、本書は、『おはよう21』（中央法規出版）で連載中の「自分の感情と上手に向き合おう　アンガーマネジメントのすすめ」（2015年2月号〜）をもとに再構成したものである。

イライラとうまく付き合う介護職になる！
アンガーマネジメントのすすめ

2016年8月31日　発行

著　者　田辺有理子

発行者　荘村明彦

発行所　中央法規出版株式会社
　　　　〒110-0016　東京都台東区台東3-29-1　中央法規ビル
　　　　営　　業　TEL 03-3834-5817　FAX 03-3837-8037
　　　　書店窓口　TEL 03-3834-5815　FAX 03-3837-8035
　　　　編　　集　TEL 03-3834-5812　FAX 03-3837-8032
　　　　http://www.chuohoki.co.jp/

印刷・製本　株式会社ヤザワ

ブックデザイン　mg-okada

イラスト　藤田侑巳（ブルーフィールド）

ISBN978-4-8058-5397-9
定価はカバーに表示してあります。
落丁本・乱丁本はお取替えいたします。

本書のコピー、スキャン、デジタル化等の無断複製は、著作権法上での例外を除き禁じられています。また、本書を代行業者等の第三者に依頼してコピー、スキャン、デジタル化することは、たとえ個人や家庭内での利用であっても著作権法違反です。